青弓社ライブラリー49

SEIKYUSHA LIBRARY

ひきこもりの〈ゴール〉

「就労」でもなく「対人関係」でもなく

石川良子

青弓社

ひきこもりの〈ゴール〉——「就労」でもなく「対人関係」でもなく／目次

装丁——伊勢功治

はじめに

自立しない（できない）若者の増加が社会的に騒がれるようになって、十年近くがたつ。「自立」の捉え方はさまざまありえるが、就職して安定的な収入を得ることが重大な要件と見なされていることは疑いなく、この局面で困難に直面した若者の増加が問題視されている。具体的には、学卒後も定職に就かない「フリーター」、就職しても親に生計を依存する「パラサイト・シングル」、就学・就労せず求職活動もしない「ニート」、そして社会関係を取り結ぶことから困難な「ひきこもり」などである。

当初はどれについても、勤労意欲の低下や職業意識の未熟さや自立心の弱化など、若者自身に責めを負わせるような語り口が支配的だった。いまなおそれは根強いものの、若者の自立を阻むような社会構造のあり方に最大の問題があるという認識が、この数年間でだいぶ広まったように思う。さらに最近では「ワーキング・プア」という言葉が高い注目を集めており、若年層に限らず、誰もが安心して生きていけるだけの収入を得られるような制度の構築を強く求める声が高まっている。

このような、問題は若者の意識ではなく社会構造にこそあるという認識、そのために現行の制度を改善していくべきだという主張は非常に重要である。だが、他方で社会構造が個人の意識を深く規定していることを考えれば、たったいま個々の若者が何を思い、どのような困難を抱え、そのただなかを生きているのかということも把握しなければならない。若者が求めているものを明らかにし、そのうえで望ましい社会とは一体いかなるものか構想していく必要があるだろう。

本書は、そのささやかな一歩として「ひきこもり」の当事者の経験を描き出し、理解しようとするものである。「ひきこもり」は、他者と関わることさえも難しくなっている若者の問題として関心を集めてきた。彼／彼女らにとっても就労できないことは大きな壁となっているが、それは単に収入を得られないというだけでなく、〝社会のなかで生きている〟という実感がどうしてももてないがために、問題になっているのではないかと思う。

ひきこもっている人々は、まさに〝社会との接点を失った〟存在と見なされている。だからこそ、「ひきこもり」の当事者の経験を読み解くことは、〝社会とつながる〟とか〝社会で生きていく〟といったように抽象的にしか表現できないようなことが、具体的にはどういうことなのか改めて考える手がかりとなるはずだ。さらには、そこから〝よりよく生きる〟とは一体どういうことなのかというところまで、私たちの思索を広げていく可能性も開けてくるだろう。これまで研究活動を継続してきて、「ひきこもり」について考えるということは、私たち自身のことについて考えることにほかならないのではないか、という思いを強くしている。

本書が主要な読者として第一に想定しているのは当事者、その家族、援助者など直接「ひきこもり」に関わっている人々である。だが、それだけではなく、この社会で生きるということに困難や疑問を感じている人、また「ひきこもり」はじめ自立できない（しない）若者に反感をもっている人にも、ぜひ読んでいただきたいと思っている。そして、「ひきこもり」というキーワードを媒介にして、少しでも多くの人が問題意識を共有し、ともにいまある生きづらさに向かい合える素地が作られていくことを望みたい。

第1章　問題意識――フィールドでの経験から

「ひきこもり」とは、当事者にとってどのような経験なのか。そして、「ひきこもり」から〈回復〉するとは一体どういうことなのか――これが本書を貫く問いである。私自身ひきこもった経験はなく、家族など身近にひきこもっている人もいない。いわば全くの〝部外者〟の立場から、私はこのことを問い続けてきた。この問いは二〇〇一年に「ひきこもり」のコミュニティに出入りし始めたときから、一貫している。なぜなら、当事者の状況やコミュニティの状況、さらにはコミュニティを取り巻く社会状況は刻々と変化しており、それに応じて「ひきこもり」についての認識も書き換えられ続けているからである。そこで本章では、私自身のフィールドでの経験からコミュニティの動向を素描し、以上の問いが根ざしている問題意識を明確にしたい。だが、その前に本書の基本的なスタンスと、調査の概要を説明しておこう。

1　はじめに

〝実態〟ではなく〝パースペクティブ〟を提示する

最初に明言しておきたいのは、本書は「ひきこもり」の〝実態〟を明らかにしたものではない、ということだ。ひきこもっている二十代三十代の若者は全国に五十万人とも百万人とも言われ、ある調査によれば、そのような人を抱えている世帯は最低でも四十一万世帯にのぼるとの推計結果が出ている。(1) このうち私たちが把握できるのは支援団体や自助グループなどの場にアクセスしてきたケースだけであり、さらに私個人が接触できるのは、そのなかでもほんの一握りにすぎない。また、全国各地では多くの「ひきこもり」の関連団体が活動している。ちなみに、二〇〇二年に出版された『ひきこもり支援ガイド』（森口秀志／奈浦なほ／川口和正編著、晶文社）には約百四十団体が紹介されているが、当然、関連団体の全てが網羅されているわけではない。ここに掲載されていない団体は数多くあり、加えてインターネット上でも交流がおこなわれている。そのため、「ひきこもり」の当事者の実態を明らかにすることもコミュニティの全容を明らかにすることも全くもって不可能だ。

本書が提示する「ひきこもり」像は、かなり限られた範囲で私が見聞きしてきたことに基づくものである。そのため、膨大な数にのぼるであろう当事者や援助者や家族などそれぞれの立場から

「ひきこもり」に関わっている人々が個々に抱いている「ひきこもり」像とは、相容れない部分が多々あるだろう。これは、インタビューに協力してくれた人々にとってさえも、そうであるはずだ。ここで描き出されるのは、コミュニティで多くの人と出会い、その人たちが語ってくれた個別的な経験を、できるだけ当人たちの実感から離れることがないよう、私なりに再構成した一つの〝ストーリー〟あるいは〝パースペクティブ（見方）〟である。いや、もっと素朴に素直に言おう。ひきこもったことがない私にとって、ひきこもったことがある彼／彼女らが語ることには、理解することが難しく、納得のいかない部分がたくさんあった。そこで私なりに何とか当事者の経験に対して納得できるような地点を探し続けた末、ようやく辿り着いたのが本書の内容である。

どのような場で当事者に出会ってきたか

次に、私がどういう場で、どのような人々に出会ってきたのか、簡単に説明しよう。これまで私が主に関わってきたのは、グループR、S会、T会という三つの関連団体である。

調査を始めるにあたって最初にしたことは、インターネットでの「ひきこもり」の関連団体の検索だった。そのなかで調査協力を依頼するメールを送ったのが東京近郊で活動するグループRで、当事者が設立し運営主体となっている自助グループである。翌月に運営スタッフをしていた三人の男性と会うことができたが、取材や調査目的の人は受け入れていないという理由で定例会への参加は断られた。ただし、スタッフの一人を通じて参加者にインタビューするなど、間接的ながらグループRとはつながりを保ってきた。また、グループRのスタッフに初めて会った日、そのときに顔を合わせたうち二人が参加していた別の集まりを紹介してもらった（以下、Ｓ会と呼ぶ）。そこは「ひきこもり」に関心をもつ人なら誰でも受け入れているとのことで、私は早速参加を申し込んだ。これが二〇〇一年一月のことである。

以来、Ｓ会に定期的に参加するようになったが、主宰者の事情によって二〇〇三年夏に閉会。その後すぐ有志によって、Ｓ会の方針を引き継ぐＴ会が立ち上げられた。私も有志の一人として発足に関わり、現在も運営に携わっている。両会は支援団体ではなく、「ひきこもり」をめぐるさまざまな問題について意見交換をおこなうための場である。テーマの一例を挙げると、「ひきこもりは自分探しか？」「甘えと依存」「ひきこもりにおけるプライドの問題について」などである。当事者や家族をはじめ、援助者、学生、ライターなど、さまざまな立場の人々が一堂に会するところに、最大の特色がある。

インタビューも、基本的にはこの三つの集まりに当事者として関わっている人々に協力してもらった。二〇〇一年から〇六年まで二十代から四十代の男女計十一人に話を聞き、本書ではそのうち七人を取り上げる。直接私からインタビューを依頼した人もいれば、知人に紹介してもらった人もいる。調査協力者はある特徴を備えた人々だが、この点について述べる前に、本書での「当事者」の捉え方を明らかにしておきたい。

「当事者」とはどのような人々か

本書で言う「当事者」とは、〝自らを「ひきこもり」の当事者と定義している人々〟である。コミュニティでは、ひきこもっている最中の人々が「当事者」と呼ばれ[2]、対人関係を取り戻した人々は「経験者」と呼ばれることもある。しかし本書では、こうした区別をおこなわない。その理由は三つある。

第一に、「ひきこもり」という言葉の中身をあらかじめ規定しないようにするためである。右のように「当事者」と「経験者」が区別されるのは、「ひきこもり」を対人関係の有無によって把握しようとする限りでのことである。本書は、当事者の経験を読み解くことを通して、「ひきこもり」とは何か、「ひきこもり」からの〈回復〉とは何か、ということを問い直すものである。したがって、既存の定義にとらわれることなく議論を進めていかなければならない。また、「経験者」という言葉からはすでに〈回復〉を遂げた人のようなイメージが浮かぶが、これから見ていくように、対人関係を取り戻したとしても〈回復〉したと言い切れない人は珍しくない。この微妙なニュアンスを汲み取っていくためにも、「経験者」ではなく「当事者」を採用した。

第二に、「ひきこもり」というラベルを当人の意思とは関係ないところで付与することが、その人の精神的苦痛を助長しうるからである。コミュニティでは、自分の状態を「ひきこもり」と認めることが〈回復〉の第一歩だ、ということがしばしば言われる。この前提になっているのは、「ひきこもり」とは負の価値を伴うラベルであり、それを付与されること、および自ら引き受けることには苦痛が伴う、という認識だ。よって、ラベリングによる負の影響を回避するために、このような主観的定義を採用した。

第三に、調査の過程で出会えるのは、「ひきこもり」というラベルを引き受け、なおかつコミュニティに参与している人々に限定されるためである。現在ひきこもっている人々と接触することは不可能であり、ひきこもった経験をもっていたとしても、その人が当事者として自己定義し、コミュニティにアクセスしてこなければ、接点をもつことは極めて難しい。したがって、本書における「当事者」とは〝「ひきこもり」の当事者になった人々〟と言い換えられる。このように「当事者」を捉えた場合、実際ひきこもった経験をもってはいないが自らを当事者と呼んでいるような、いわゆる「自称ひきこもり」も含まれることになる。ただし本書で取り上げるのは、実際ひきこもったことがある人々に限られていることを、あらかじめ断っておきたい。

ここで、〈回復〉という言葉についても少し触れておこう。実際コミュニティではそのまま「回復」という語が用いられることもあるが、それよりもむしろ「ゴール」「卒業」「抜け出す」といった言葉のほうが好まれている。本書では、それらを全てひっくるめて〈回復〉と呼んでいる。

さて、本書が素材とするのは、以上のような意味での「当事者」の語りである。これを踏まえて、調査に協力してくれた人々の特徴を確認していこう。まず、調査協力者のほとんどは、保健所や精神保健福祉センター、医療機関などの支援サービスを利用したり、自助グループに参加したりした経験をもっている。このことからは、彼／彼女らは自らの置かれた状況を問題と見なし、その解決を目指してきた人々だと言える。

次に、過去を振り返り自らの経験を秩序立てて語ることに、何らかの意義を認めていることが挙げられる。このことに対して極めて自覚的な人もいれば、それほどでもない人もいるが、いずれにせよ自分の経験を積極的に語ろうとする姿勢は共通している。また、調査協力者は（少なくともンタビューでは）非常に饒舌で、内容もわかりやすい。なかには講演会などで経験談をたびたび発表している人もいて、あまりの話のうまさに、インタビューの最中つい聞き入ってしまったこともある。このように、自分の経験を語ることに積極的な価値を認め、かつ言語表現にたけているということ、これが最大の特徴と言える。

さらに、私が主要なフィールドとしてきたS会・T会はテーマに沿ってディスカッションする場だということもあって、私のなかでは次のような当事者のイメージが強い。すなわち、自分が抱えている問題を対象化し筋道立てて語ることを得意とするような人々、というものである。ただし、ほかの集まりに参加している人々の話を聞いてみると、これはかなり偏った当事者像であるようだ。ほかの集まりでは、参加者同士で気さくに会話すること自体が難しく、話題も世間話がほとんどで、自分の経験や意見を語り合うことは珍しいそうだ。とはいえ、S会・T会以外に参加している人々が何の意見ももたず、自分の経験を全く振り返ったことがないわけでは決してないだろう。むしろ一人でいる間にさまざまなことを考え尽くし疲れ果ててしまったからこそ、フリースペースや自助グループなどでは雑談に終始するのだ、という話をある当事者から聞いたこともある。したがって、私が出会ってきたのは決して特殊な人々ではなく、多くの当事者に共通していると思われる、ある特性を際立った形で示している人々と言える。

それでは、私自身のフィールドでの経験からコミュニティの動向を素描し、問題意識を明確にしていくことにしよう。

2 〝対人関係の獲得〟から〝就労の達成〟へ

二〇〇一年頃

すでに述べたとおり、私がコミュニティに出入りし始めたのは二〇〇一年に入ってすぐのことである。連日の報道によって、「ひきこもり」が社会問題の一つとして広く認知されるようになった頃だ。当時のコミュニティは、何か熱気のようなものに包まれていた印象が残っている。私と同じように、報道が盛んになったことで「ひきこもり」に関心をもった人々が押し寄せ、コミュニティが急激に活気づいていたのだろう。S会の定例会には毎回多くの人が詰めかけ、一時期は新規参加者の受け入れを見合わせなければならないほどだった。グループRにも参加申し込みが殺到したらしく、毎月先着順で数人しか受け付けていないことがあった。また毎週末どこかで必ず開かれていた講演会も、定員以上の聴衆が詰めかける盛況ぶりだった。

といっても、私が熱気を感じ取った理由は、種々の集まりに足を運ぶ人の多さだけにあるのではない。たとえばS会の親睦会は毎回とても盛り上がり、初めて参加したときには、ここになじめるだろうかと不安に思った記憶がある。フィールドノートには「大学に入りたての人たちが受験勉強から解放されて、はしゃいでいるような感じと似ている」といったメモが残っている。ただし、集まりに参加した翌日は疲れきってしまって起き上がることさえできない、という話を幾人かの当事者から聞いたことがある。大勢でお酒を飲むような場に慣れておらず、その場を盛り上げなければならないと、無理をしていた人も少なくないようだ。だが、そのはしゃぎぶりの背後にあったのは、何よりも長らく孤立していた状態から他者とのつながりを取り戻したことによる、喜びや興奮だったのではないかと思う。

二〇〇二年頃

この頃になると、コミュニティの雰囲気もだいぶ落ち着いていった。しかし、今度は一転して停滞感や閉塞感のようなものが漂い始めた。それまで盛り上がっていた分の反動という側面もあっただろう。だが、それ以上に、多くの当事者がコミュニティに〝溜まって〟いったことのほうが大きかったように思われる。一時期ほどではないにせよ、新たにコミュニティに参入してくる人がいる一方で、以前からコミュニティにいた当事者で外部と接点をもつことができた人は、あまりいなかったのだ。ここで〝コミュニティの外部と接点をもつ〟とは、就労の機会を得ることを主に指している。たとえばボランティア活動や習いごとなども外部との接点なのだが、やはりいちばんに目指されていたのは就労である。私が「ひきこもり」に関わり始めて間もない頃から、就労の問題は人々の関心事であった。最初にS会に参加したときにも、履歴書の書き方や面接の心構えなどについて情報交換したい、という希望が出されていた。

しかし、長い間ほとんど誰とも顔を合わせていなかったところから、いきなり働くことを目指すのは無理があると考えられていたため、二〇〇一年頃は就労することよりも対人関係を安定・充実させることが優先されていた。しかも前述の興奮と相まって、対人関係さえ立て直すことができれば先のことは何とかなるだろう、という楽観的なムードがあったような気がする。私自身も、何人かの当事者にインタビューしたなかで、〝これまで彼／彼女らはつらい思いをたくさんしてきたし、これからも大変なことはあるだろう。しかし、信頼できる仲間を得られたいま、遠からず社会に出ていけるに違いない〟という見通しを描くようになっていた。

もちろん、アルバイトを始めるなどしてコミュニティから離れていく人が皆無だったわけではない。だが、あくまで印象にすぎないが、そうした人は非常に少なく、多くの当事者がコミュニティに〝溜まって〟いった。なかには自助グループでの活動に精を出したり、講演会や親の会で経験談を披露したりするなど、自らコミュニティにとどまろうとしているかのように見える人もいた。こうした人々に対しては特に不満と不安の入り交じった視線が向けられ、イベントに当事者を招いていた側に対しても〝結局都合よく彼／彼女らを利用し、コミュニティに引き止めてしまっているのではないか〟という批判が向けられた。とはいえ、私の出会ってきた当事者は、決して現状に甘んじているわけではない。対人関係を取り戻しても〈回復〉を実感できない、むしろいまのほうがつらいという訴えを、何度となく聞いたことがある。

二〇〇三年頃

そうこうするうちに、経済的自立のめどが立たないまま当事者が三十代、四十代を超える可能性が頻繁に話題にのぼるようになり（そういう人々は現実に少なからず存在している）、彼／彼女らの養い手である親の高年齢化も手伝って、〝稼げるようにならなければ生きていけない〟という声が日増しに大きくなっていった。そして、多くの当事者がコミュニティに〝溜まって〟しまったのは、彼／彼女らを外側に押し出そうとする力が弱かったせいだということで、関連団体のなかでも就労支援に力を入れているところが注目を集めるようになった。

だが、その一方で、就労の達成を〈回復目標〉として前面に押し出すことを警戒するような雰囲気もあった。というのも、〝働かなければならない〟と強く意識しているがゆえに、当事者は身動きがとれなくなっているという認識が広まっていたからだ。この先のことを考えれば、なるべく早いうちに働いて収入を得られるようになったほうがいい。しかし、当事者に対して就労へのプレッシャーをかけることには、彼／彼女らを追い詰めてしまう危険性もある。コミュニティを覆っていた閉塞感は、こうしたジレンマからも生じていたように思われる。

ところが二〇〇三年の半ば頃から、コミュニティは就労最重視の方向へと一気に動きだした。その契機になったと思われるのは、求職活動の一歩手前で惑っている若者を対象とした「ヤングジョブスポット」のオープンである。これは「ひきこもり」専門の施設ではないが、全国に先駆けてモデル事業としてオープンした「ヤングジョブスポットよこはま」には設立から運営まで「ひきこもり」の関連団体が深く関わっていた。そのため「ヤングジョブスポット」に対しては、コミュニティの内側では比較的安定した対人関係を築けるようになっても、その外側に対しては敷居の高さを感じ、なかなか就労に向けて動きだせない当事者の受け皿となり、彼／彼女らを社会へと押し出す役目を担うことが期待されていたように思う。

二〇〇四年以降

こうした就労の達成を最優先課題とするような動きは、二〇〇四年に就学・就労せず求職活動もしない若者とされる「ニート」がにわかに注目を集めたことで決定的なものになった。言説と実践の双方で「ひきこもり」と「ニート」の混同が生じ、ここにきて「ひきこもり」は若年就業問題の一部として再定式化されたのである。

まず諸議論で、「ひきこもり」は「ニート」の一部に含まれるものとされた。すなわち「ニート」のなかでも社会関係の構築に困難を抱える層が「ひきこもり」とされたのである。あるいは「ひきこもり」を〝「ニート」以前〟として位置づける見方も生まれた。こうして「ニート」が登場したことで、就労していないこと（ありていに言えば、稼いでいないこと）が「ひきこもり」の中心問題となり、就労の達成が最終的な〈回復目標〉として、より明確に位置づけられたのである。

さらに、「ニート」が連日マスメディアで取り上げられるようになって間もなく、関連団体のなかでも特に就労支援に力を入れていたところが「ニート」支援を謳うようになった。そのうちのいくつかは、政府による「ニート」支援の要である「若者自立塾」の実施主体にもなった。いまでは大半の団体が、支援対象として「ひきこもり」と「ニート」を並列させている。そして、当事者のなかにも自らを「ニート」と再定義する者が現れた。T会でも「外出するし、友達もいるから「ひきこもり」ではなくなったけれど、働いていないのでいまは「ニート」です」といった自己紹介を、たびたび耳にするようになった。

ところで、「ニート」という言葉が社会をにぎわすようになって、T会の参加者がぐっと減った時期があった。それまで毎回三十人は集まっていたのが、二十人に届くかどうかというくらいになったのだ。また、その少し前には東京近郊のいくつかの自助グループやフリースペースが、相次いで閉鎖したり活動を休止したりした。このようなコミュニティの衰退とも呼べるような事態が、全て「ニート」の登場と関連しているわけではないだろう。しかし、「ひきこもり」の当事者が足を運べる場が少なくなったことだけは確かだ。コミュニティの友人と「あれだけたくさん集まってきていた人たちは一体どこに行ったんだろう？」と、一緒に首をひねった記憶がある。

T会の参加者は二〇〇六年頃から再び増えてきて、毎回二十五人前後で安定している。また一時期はコミュニティ全体に「ニート」という言葉をやみくもに使いたがるような雰囲気があったが、このところそれも落ち着いてきた。当事者が抱えている問題は、やはり「ニート」としては扱えないということが徐々に明らかになってきたのではないか、と考えている。現にT会などで、当事者がそのように語る場面に何度か出会ってきた。どのように「ひきこもり」と「ニート」が異なるものとして受け止められているのか、ということにはおいおい触れていく。

3 〈社会参加〉路線の限界

〝社会に出たいのに出られない〟というジレンマ

以上のようなコミュニティの動向を〈回復目標〉の観点から把握するならば、〝対人関係の獲得〟から〝就労の達成〟への移行と捉えられる。というよりも、以前から潜在的にあった就労へのニーズが露骨に顕在化していく過程として見たほうが適切かもしれない。いずれにせよ、コミュニティの関心が、ここ数年間で〝就労の達成〟へと集中していったことは確かだ。ここまでの記述から明らかだと思うが、その背後には何よりも、当事者および親の高年齢化が進んだことによる将来への不安の増大があった。そのため、就労支援へのニーズが高まっていったのもごく自然な流れだったと言えるだろう。ただし私自身はといえば、日々色濃くなっていく就労重視の風潮に、無批判に同調することもできなかった。その理由は二つ挙げられる。順に考えていこう。

まず一つには、右でも少し触れたように、当事者は就労に対する過剰なまでの規範意識によって追い詰められていると考えていたからだ。当事者からすれば就労支援の活発化は〝働け〟というメッセージそのものであり、それによって彼／彼女らの苦しみが増すことを懸念したのである。だが、それでも就労中心になっていく支援のあり方を正面切って批判することはできなかった。なぜなら、いまこの社会で働いて収入を得ずに生きていくことは、ほとんど不可能だからである。当面は親が養ってくれるにしても、いつかは自力で生計を立てていかなければならない[3]。したがって、就労支援を全面否定することはできない。

しかし、それ以上に私を躊躇させたのは、いま述べたようなことを誰よりも強く意識し、就労支援の充実を望んだのが、ほかならない当事者だったという事実である。コミュニティの関心が就労へと傾き始めた頃に出版されたある当事者の手記では、「自助グループで雑談して救えるレヴェルでは対処できない事態が、すでに起こっている。親の定年や、親亡きあとをどうするのか。ひきこもり者が収入を得られるための、具体的な支援のノウハウや人材、施設が急務であろう[4]」と述べられている。また、S会やT会で「働かなければならない」と強く主張するのも、たいてい当事者である。それに対しては、当事者としてではなく参加している人々から、「働くことにこだわり過ぎているのではないか」という意見が出されることもしばしばだ。だが、そのつど当事者の側から強い反発の声が上がり、その口調は怒りさえ帯びているように聞こえる。

では、なぜ当事者はそうした意見に強く反発するのか。まず一つには、〝稼がなければ生活が立ちいかない〟という経済的な事情があるだろう。ところが、それだけではなく、当事者の発言の端々からは〝人として働くのは当然だ〟という道徳的なこだわりも感じられる。だが、それは働いていない自分を貶めるようなものでしかない。確かに経済的な問題は重大だが、それと道徳的な問題とは切り離したほうが少しでも楽になれるのではないか。おそらく「働くことにこだわり過ぎることはない」という意見は、こうしたことを含意しているのだろう。

しかし、そうだとしても、こうした発言は若干配慮を欠いているように思われる。というのも、就労に対するこだわりが過度なものであり、それが自身をがんじがらめにしているということを、当事者の多くは自覚しているように見受けられるからだ。それでもなお就労へのこだわりを捨て去れないところに、彼／彼女らの苦しみの一端があるのではないか。簡単にこだわりを捨てられるくらいなら、おそらく最初から悩んだりはしないはずだ。

それでは、当事者の葛藤や苦痛を解消する最も適切な方法は、就労の実現を後押しすることなのだろうか。この立場を明確にとっているのが、「ひきこもり」および「ニート」支援の主要な担い手の一人であるＮＰＯ法人青少年自立援助センターの工藤定次だ。工藤は「人に保護されてる、食べさせてもらっている、人に養われてるという状態は、精神的苦痛を伴う[5]」という認識に基づき、援助の開始時点から「自分の飯の種は自分で稼ぐ」ことを〈回復目標〉に掲げている。[6]また、本人たちの希望は最終的には「本当はおれは働きたい。自分自身で生計を立てたい[7]」というところに集約されると述べている。

これは確かに調査経験から得ている実感とも重なっているが、それでもなお〝本人が働くことを望んでいるのだから、その手助けをすればいい〟という意見には賛同できない。これは〝働くこと〟が〝他者と関わること〟になっても同じだ。要するに、〝就労の達成〟と〝対人関係の獲得〟のいずれであれ、〈社会参加〉したいという当事者の意思に依拠するということ自体に、懐疑的にならざるをえないのである。なぜかといえば、当事者の訴えは多くの場合、〝〈社会参加〉したいのに、どうしてもできない〟という形をとるからだ。にもかかわらず、近年は前半の〝〜したい〟ばかりが強調されて、後半の〝〜できない〟が捨象されているように思えてならない。

一方〝〈社会参加〉できない〟という訴えのほうに重点を置き、〝ひきこもっていてもいい〟といった「ひきこもり」肯定論を展開する論者もいるが、私はこれを支持することもできない。これはこれで、当事者の葛藤や苦悩を素通りしているように感じられるからだ。当事者のなかで〝〈社会参加〉したい〟と〝〈社会参加〉できない〟という二つの声が激しくせめぎ合っているのだとすれば、「ひきこもり」を肯定する人々の思いがどのようなものであれ、その主張は結果的に当事者の感情を逆撫でするだけになっている感が否めない[8]。

こうして考えてくると、求められるのは〝〈社会参加〉したい〟を当事者の意思表示と受け止めると同時に、等しく〝〈社会参加〉できない〟もそれとして尊重することではないか。そして、この二つがどう絡み合い、激しいジレンマを引き起こしているのか丁寧に解きほぐし、なぜ〈社会参加〉できないのかを考えることではないか。さらには、当事者がさまざまな理由から〈社会参加〉にこだわるのは当然だとしても、彼／彼女ら自身もまた〝〈社会参加〉できない〟という自分の感覚に、改めて向き合ってみる必要があるのかもしれない。

〈社会参加〉は当事者にとって〈回復〉たりうるのか？

私が就労を最重視する風潮に距離を置いている二つ目の理由は、当事者にとって〝就労の達成〟は〈回復〉になりえないのではないか、という直感である。言い換えれば、〝働ければそれでいいのか？〟という疑問が頭から離れなかったのである。当事者にとっての〈回復〉とは〝就労の達成〟なのか。働けるようになればそれでいいのか。これは本書全体を通して取り組む問題なのだが、ここでは今後の議論に先立って、どのような部分に着目したいのかを述べることにしよう。

いま挙げた二つの問いは、人々の関心が就労の問題へと傾くようになって間もなく、直感的に浮かんできたものだ。その背後には、〈回復目標〉として〝就労の達成〟が強調され、そのための支援が盛んになることで何かが抜け落ちてしまうのではないか、という懸念があった。では、その抜け落ちてしまうものとは一体何か。この点については、当事者である上山和樹の手記が手がかりになる。

上山は、斎藤環の治療論を引用しながら「「親密な仲間ができた」状態から、「独立した経済生活」へのハードルが、実は一番高い」と述べ、にもかかわらず「この最終段階の最大のハードルをクリアするための取り組みは、まだあまりに貧困」だと指摘する。しかし、上山は同時に「いわゆる「中間施設（アメリカなどにある、本格的就業の前段階のための訓練所のようなところ）」がいいのかどうか」と迷いを見せる。なぜなら、そこでは「価値観に関しての問いつめ」が欠如しており、「いきなり「経済生活をどうするか」という話をされても、肝腎なところを置き去りにしてどんどん進んでいっているような気にしかならないからだ[9]。これは、上山が「ひきこもり」を「根本的に「価値観の葛藤[10]」を伴うものだと考えているためだろう。その最たるものが「自分の価値観を尊重しようとすると、経済生活が成り立たない[11]」という葛藤だ。これを踏まえて右の引用を言い換えるならば、次のようになる。すなわち、どうすれば納得いく形で生きていけるのかを考え抜く作業を伴わない就労支援は、当事者にとって有意義なものとはなりえない、と。現在の就労支援で看過されていると考えられるのは、このような内面での作業の重要性である。

その作業が当事者にとって極めて大きな意味をもっているのだとすれば、〈回復目標〉を〈社会参加〉に設定することは不適切だということになる。たとえば上山が「価値観に関しての問いつめ」と表現したような内的プロセスを経ない限り、対人関係を取り戻しても、就労するようになっても、当事者が〝これでいい〟と納得しきれない可能性も大いにある。現にこの数年の間に、〈社会参加〉を果たした当事者で、ある不全感を訴える人が現れてきている。つまり、こういう訴えだ。

対人関係も取り戻したし、アルバイトなり何なりして働き始めた。あるいは改めて学校に通うようになった。なのに、いつまでたっても楽になれない。どうすれば充実感を得ることができるのか――。おそらく彼／彼女らは、〈社会参加〉を目指して（また目指すように周囲から迫られて）懸命に努力を続けてきたのだろう。にもかかわらず、このような不全感にさいなまれなければならないというのは、あまりにも酷なことではないか。

こうした不全感は、〝就労の達成〟を最終目標とするような〈社会参加〉路線が徹底されていくなかで、右で述べたような内面での作業が軽視もしくは看過されていったということに、その一端があると私は考えている。そして、今後〈社会参加〉がよりいっそう強調されることによって、こうした訴えは増え続けていくように思われてならない。そうならないようにするためにも、自分の生き方にどう納得するかという内省的なプロセスを経ることが、当事者にとって極めて重要であることを明らかにする必要がある。また前述の就労に対する過度なこだわりについても、〝働けるようになればそれでいいのか？〟〝なぜ働くことにこだわってしまうのか？〟といったように問いかけることで、ある程度冷静に眺められるようになるのではないだろうか。

いずれにせよ、〈社会参加〉を究極の〈回復目標〉と見なすような認識を見直す必要がある。だからこそ、「ひきこもり」とは何か、それの何が問題なのか、どうなれば〈回復〉したと言えるのか、これらのことをいま改めて問わなければならないのである。

4　当事者への否定的感情に向き合う

〈社会参加〉しない当事者へのもどかしさ

コミュニティの外部と接点をもつことができない当事者が目立ち始め、〝対人関係の獲得〟が〈回復〉にはなりえないということが意識されるようになったときというのは、前節の最後で提示したような問いを深め、〈社会参加〉路線を修正するチャンスだったのだと思う。しかし、実際には次なる〈回復目標〉として即座に〝就労の達成〟が持ち出され、十分に議論がおこなわれることはなかった。以下では、その背景について考えてみたい。

私が「ひきこもり」に関わり始めた頃、コミュニティでは「ひきこもり」をめぐってオーバーヒートぎみに議論が繰り広げられていた。具体的には、多種多様な個々のケースを十把一絡げにして「ひきこもり」と名づけることの是非、「ひきこもり」に支援は必要なのか、他者と関わらずに生きていくのは悪いことなのか、人間にとって労働は一体どのような意味をもっているのか、といったことが主な論点である。以上は全て簡単に答えを出せるような問題ではなく、また一つの明確な答えがあるようなものでもない。そのため、しばらくすると議論が同じようなところでグルグル回り始め、こうした抽象的で理念的な議論が不毛にしか感じられないような雰囲気になってきた。(12)しかもコミュニティに〝溜まって〟いく当事者が問題視されるようになったことで、どうすれば当事者を社会へと接続させられるか、ありていに言えば、どうやって稼げるようにするかという、具体的で実践的な議論にスライドしていったような印象が残っている。前節との関連で言えば、個々の当事者の内省を深めて促進しうるようなトピックは削ぎ落とされ、そもそも内省の重要性自体が認識されないままになってしまったと考えられる。

　こうしたことの背景には、何よりもまず、歳を重ねるごとに膨らんでいく当事者および親の不安や焦燥感、それを軽減しようとする支援者の努力があったことは間違いないだろう。しかし、そこには〈社会参加〉しない（できない）当事者へのもどかしさや苛立ちもあったのではないだろうか。だが、こうした感情を当人にぶつけることは、固く禁じられている。当事者をサポートするにあたっては、焦燥感や不安を最も募らせているのは当人であることを肝に銘じ、そうした感情を増幅させるようなはたらきかけは慎まなければならない、ということが繰り返し言われてきた。

　たとえば、斎藤環は家族による対応の仕方を説くなかで、当事者と関わる際の基本姿勢を次のように述べている。すなわち「私たちには基本的に「働かざるもの食うべからず」という価値観が、骨がらみに染みついている」ため、ひきこもっている当人を「「否認」する態度」をとってしまいがちだ。よって、まずは自分のなかの「「ひきこもり」を否認したい衝動[13]」を抑制することが必要だ、と。また、斎藤は次のようにも諭す。社会通念からだけでなく、当人を思いやる気持ちから家族があれこれ言いたくなるのは当然だが、「一番不安なのは本人」であることをしっかりと認識し、それを「まず家族が共感的に理解しておくべきだ[14]」。そして、「本人はむしろ普通以上に、家族と同じ〔「働かざるもの食うべからず」という：引用者注〕価値観を共有していることが多いので、叱咤激励や説教は厳禁である」[15]、と。

斎藤の著書はコミュニティで最もよく読まれているものの一つであり、これと同じようなことは、個別相談や講演会などの各種イベント、親の会などさまざまな場を通して人々に伝えられている[16]。それを実践している親も数多いようだが、長年親の会に関わっている知人からは、次のような話も聞く。「子どもを焦らせてはいけないというのでそっとしてきたが、いつまでたっても社会に出ようとしない。一体いつまで自分は我慢すればいいのか」と嘆く参加者が、年々増えているそうだ。

また、私自身も親しくしていた当事者に向かって、「何でアルバイトしないの？」という言葉を投げかけてしまったことがある。このとき私は、字面どおりアルバイトを始めない理由を、その人に尋ねたかったわけではない。すぐさま就労に向けて行動を起こすよう、促したかったのである。〝働け〟というメッセージが当事者の焦燥感を煽ることを懸念していた私にとって、こうした発言は、まさに避けたいものであった。にもかかわらず、右のような言葉が口をついて出てしまったのは、相手がコミュニティに出入りするようになって数年経っており、はたから見る限りでは対人関係も充実し、精神的にも安定しているように思える人だったからである。つまり、コミュニティから一歩踏み出そうとする気配が感じられないことを、私はもどかしく思っていたのだ。それは、インタビューをはじめさまざまな場面で語られる当事者の葛藤に共感的に耳を傾けていたはずなのに、内心では彼／彼女らへの否定的な感情がくすぶっていたことが露呈した瞬間だった。

以上のようなエピソードは、ひきこもる当人を刺激しないよう表面上は理解ある態度を示しながらも、心から「共感的に理解」してのものではなかったために「「ひきこもり」を否認したい衝動」

が爆発した、というふうに解釈できるだろう。このようなことが起こらないようにするためには、当事者に対するもどかしさ、苛立たしさといった否定的感情を無理やり抑え込むのではなく、それらを解きほぐしていくのがいいだろう。そのためには、こうした感情が一体どのように生じているのか知ることが必要になる。

当事者に対する否定的感情の源泉

先に言ってしまえば、「ひきこもり」は誰もがわかったような気になれる問題であるために、当事者に対してネガティブな感情がわきやすいのだと思う。実際ひきこもったことはなくても、ひきこもってしまいたいと思ったことは誰でも一度くらいはあるだろう。そういう自分自身の経験に照らして当事者を一方的に評価することから、否定的な感情が生じるのではないか。このことについて詳しく述べていこう。

当事者に向けられる否定的感情の最もわかりやすい表現は、「ひきこもり」は〝甘え〟だ、という批判だろう。たいていの場合こうした批判は、ひきこもっていられるだけの経済的基盤が家庭にある、ということに根拠が置かれている。典型的には、「結局「食べさせてもらえる環境」があるから引きこもってられるんでしょ？　私の場合こもりたくたって、だーれもサポートしてくれないから無理です」[17]といったものである。しかし、こうした通俗的な批判に対して、多くの当事者は激しく反発する。

前節で手記を引用した上山も、その一人だ。上山は決して〝働きたくない〟とは言っておらず、

〝できることなら働きたい〟と思っていることは随所から伝わってくる。だが上山によると、「世界や社会に対して、特に「労働」と結びついた形の対人関係というものに対して、もう異常なまでの恐怖感情が硬直して肥大していて、どうしようもなくなっている[18]」のだという。そして、こうした心情を理解しようとせず、ひきこもっているのを「甘えた楽な状態」と決めつける人々に対して、「冗談じゃない」と怒りをぶつけている。[19]

また、上山はブログ上で「ひきこもり」を〝甘え〟と見なす人々に対して、「苦しみながらも何とか頑張って仕事をして生きている人は、自衛のために閉じこもっている人を「甘えている」と見なすのだろう[20]」とも述べている。つまり、社会で生きることは誰にとってもつらく苦しいことであって、その苦しさに耐えながら自分は社会生活を営んでいるのだという主張と、「ひきこもり」への批判とは表裏一体だと、上山は指摘するのである。そこには、こうした思考回路がある——ひきこもってしまいたいと思うことは誰にでもある、だが自分はひきこもらず懸命に生活している、だから、ひきこもった人は弱くて甘えているだけだ。

ところで上山は、当事者やその家族は自らの置かれた状況を「非常に特殊でオリジナルなもの」と感じていることが多いが、ひきこもった背景にあると思われるものは、実際のところ「陳腐な条件の順列組み合わせ[21]」にすぎないと述べている。また斎藤も、ひきこもり始めるきっかけとしては、「成績の低下や受験・就労の失敗、友人の裏切りや失恋、いじめなど一種の挫折体験がしばしば見られ[22]」ることを指摘している。もちろん、これらの出来事は決して珍しいものではなく、言うなれば「ひきこもり」は誰しも覚えがあるような経験と関連している。つまり、「ひきこもり」は誰もが自分の経験に容易に引き寄せられる問題であり、だからこそ共感ではなく否定的反応を喚起しやすいと考えられるのだ。しかし、当事者の経験は、そんなに容易に理解できるようなものなのだろうか。

当事者の経験の理解しがたさ

家庭に経済的余裕があるからひきこもり続けられるのだ、という指摘にも一理はある。[23]では、養ってくれる人がいなくなったら、彼／彼女らは動きだすのだろうか。養い手である父親が亡くなった途端、ひきこもっている状態から抜け出すことができたという話が聞こえてきたこともあるが、それはたまたまその人がそうだったというだけで、全てのケースにあてはめることは決してできない。むしろ、ひきこもっていられる環境が失われたとき多くはホームレスになるだろう、ということが言われている。[24]もちろん実際どうなるかは、そうなってみなければわからない。だが、経済的基盤が崩れたとしても社会に出ることはできないと想像させるほどの〝何か〟を当事者は抱えている、ということだけはわかる。この〝何か〟は〈社会参加〉できている人々が、そう簡単に「共感的に理解」できるようなものではなさそうだ。上山の言葉を再度聞こう。

「ひきこもり」を〝甘え〟と批判する人々への上山の怒りは、ひきこもっていない人々と、ひきこもっている自分（たち）との、ある断絶に向けられているようだ。上山はこの断絶を「電車に当たり前のように乗れる人からすれば、「電車に乗るのがつらい」というのは、「甘え」と見えるだろう[25]」と表現している。「電車に乗るのがつらい」という訴えは、「電車に当たり前のように乗れる人」からすれば理解できないどころか、奇異にさえ聞こえるだろう。〈社会参加〉できないでいる自分の苦しみは、これと同じくらい周囲から理解されがたいものだ。上山はそのように感じているのだろう。それゆえ〝甘え〟と見なされても仕方がないといったような諦めまでもが、この比喩からは伝わってくる。

では、上山がひきこもっていない人には理解できないと言っている〝何か〟とは何なのか。それは、当事者が抱えている葛藤や苦痛ではないと私は思う。そうした人々に理解できないとされているのは、上山の比喩で言えば〝電車に乗れない〟ということ、要は〈社会参加〉できないということ、それ自体ではないか。すでに述べたように、「ひきこもり」は誰でも自分自身に引き付けて考えやすい。しかし、何をどうしても〈社会参加〉できないという〝動けなさ〟は、どんなに苦しみながらでも〈社会参加〉できている人には、そうそう共感的に理解できるものではないように思える。少なくとも、私にはできていない。だが、このことに気づいてから、内側でくすぶっていた当事者に対するネガティブな感情と折り合いをつけられたように感じている。

何が理解できないのか認識することは、自分のモノサシで他者を勝手に測ることにストップをかけてくれる。ただし、このように理解しがたさを前面に押し出すことは、〝だから「ひきこもり」について理解しようとしなくてもいいのだ〟というように、無関心を助長することにもつながる。そこでもう一歩踏み込んで、なぜ当事者は〈社会参加〉できない（しない）のかということを、丁寧に読み解いていく必要があるだろう。この作業を経ることで、「ひきこもり」を安易にわかったものとして片付けるのでもなく、また〝動けなさ〟を理解できないからといって自分のリアリティから切り離すのでもない、微妙な距離感を保てるようになると私は考えている。

5　本書の課題――「ひきこもり」の当事者の経験を理解する

ひきこもっていない人々が抱きやすい「ひきこもり」への否定的な感情とは、どういう形であれ〈社会参加〉できている自分を基準にして一方的に当事者を評価し、彼／彼女らがなぜ〈社会参加〉できない（しない）のかを問う視点の欠如から生じていると言える。では、当事者自身が自分の〝動けなさ〟や、その背後にあるものを理解できているのかと言えば、そうでもないように思う。言い換えれば、「ひきこもり」は〝甘え〟だという批判に対して明快に反論できるほどには、当人もそれらを理解できていないのではないか。

当事者の多くは、そうした批判に対して激しく反発するということを、先ほど述べた。だが、その一方で彼／彼女らは〝自分はただ甘えているだけではないか〟と不安に感じている。このことは、当事者がよく用いる「ぬるま湯」という表現からうかがえる。たとえば、「自分で食い扶持を稼がずとも生活していけるいまの状況は、ぬるま湯に浸かっているようなものだ」といったように。こうした発言は、彼／彼女らが「ひきこもり」を批判する人々と同じように、自己批判を繰り返していることを示唆している。つまり当事者は、自分は単に甘えているわけではないと感じながらも、そう断言できるだけの根拠を説得的に示せず、やはり甘えているだけだと自らを責めていると推察されるのである。

要するに現状では、「ひきこもり」に関わっているか否か、当事者であるか否かを問わず、なぜ当事者が〈社会参加〉できない（しない）のかということは十分に明らかにはなっていないということだ。〝養ってくれる人がいるから〟というのも、確かに一つの答えではある。しかし、この答えは即「ひきこもり」とは〝甘え〟だという批判に結びつき、当事者に自責の念を呼び起こす。こうしたなかで、彼／彼女らが〈社会参加〉を果たしていくことはかなり難しいに違いない。当事者が出ていく先の当の社会が「ひきこもり」に対して批判的である限り、そこは彼／彼女らにとって針の筵でしかない。また自己否定感を抱えたまま積極的に行動するのも無理な話だろう。そうやって〈社会参加〉しない期間が長引くことで焦燥感や自己否定感が増幅し、いっそう身動きがとれなくなっていくのだ。

したがって、なぜ当事者は〈社会参加〉できない（しない）のか、という最も根本的とも言える問題を解明することが必要とされる。そのうえでようやく、「ひきこもり」とは何か、〈回復〉するとは一体どういうことか、という問いに答えることができるようになるだろう。

仮に当事者自身がこのことを明確には言語化していないとしても、彼／彼女らの語ったことを丹念に読み解いていくことから、彼／彼女らが納得できるような理解を導き出すことは可能だろう。また、ひきこもったことがない私にとって理解可能な形で当事者の経験を再構成することができたとすれば、それはひとまず多くの人々にとっても理解可能なものと見なしていいはずだ。そして最後に、以下で描き出していく当事者の経験を理解できるかどうかと、それに共感できるかどうかは別次元の問題として捉えるべきだということ、そして優先すべきは前者であるということを付け加えておきたい。このことについては、第8章で再び論じるつもりである。

注

(1) 川上憲人／三宅由子／立森久照／竹島正「地域疫学調査による「ひきこもり」の実態調査(平成十四年度厚生労働科学研究費補助金　研究成果報告書)」「心の健康問題と対策基盤の実態に関する研究」(厚生労働科学特別研究事業、http://mental.m.u-tokyo.ac.jp/h14tokubetsu/)二〇〇三年

(2) いまだ「ひきこもり」の統一的な定義は確立されていない。塩倉裕は複数の定義を検討して、その最大公約数を「青年期を中心に、対人関係から長期間身を引いた状態や社会的な活動に長期間参加しない(できない)でいる状態」とまとめている(『引きこもり』ビレッジセンター出版局、二〇〇〇年、二〇三ページ)。数ある定義のなかで最も有名なのは精神科医の斎藤環によるもので(『「ひきこもり」救出マニュアル』PHP研究所、二〇〇二年、三二ページを参照)、「ひきこもり」を外出の有無ではなく、(家族以外の)対人関係の欠如によって特徴づける彼の見解(「ひきこもりと社会性」〔武藤清栄／渡辺健編「現代のエスプリ　ひきこもり」至文堂、二〇〇一年〕六二ページを参照)は、コミュニティに広く受け入れられている。そのためコミュニティで、「ひきこもっている」という動詞形は〝家族以外の他者との交流が長期にわたって失われている状態にある〟ということを意味している。本書でもこれに従いたい。なお、代表的論者による定義を第三者による介入の根拠に着目して整理したものとして、川北稔「「引きこもり」の援助論と親の位置——介入の根拠と責任をめぐって」

「名古屋大学社会学論集」第二十四号、名古屋大学大学院環境学研究科社会環境学専攻社会学講座、二〇〇三年、また、「ひきこもり」を定義することの困難を論じたものとして、工藤宏司「ひきこもり」、高原正興／矢島正見／森田洋司／井出裕久編著『社会病理学講座第三巻　病める関係性』所収、学文社、二〇〇四年、がある。

（3）障害者認定を受けて年金で暮らすとか、生活保護を受けるとかいった選択肢もないわけではない。S会やT会では、この話題がのぼることもたびたびある。しかし、それが現実的であるかどうかは別として、そうした選択をよしとする当事者はあまりいない。

（4）諸星ノア『ひきこもりセキララ』草思社、二〇〇三年、九一ページ

（5）工藤定次／斎藤環『激論！ひきこもり』ポット出版、二〇〇一年、五一ページ

（6）同書六一ページ

（7）同書一六一ページ

（8）肯定論の代表的論者としては、真っ先に芹沢俊介の名前を挙げられる（『引きこもるという情熱』雲母書房、二〇〇二年）。その芹沢がS会にゲストで招かれた際、当事者たちが強い反発を表明したことが、いまでも鮮明に記憶に残っている。またS会で知り合った友人（ひきこもった経験をもっている）と話していて、このときのことが話題にのぼった際に「ひきこもっていていいと言われると、まるで、この社会で生きていくなと言われているように感じる」と、その人が語っていたことも印象深い。

（9）上山和樹『「ひきこもり」だった僕から』講談社、二〇〇一年、一五六ページ

（10）同書一三一ページ

（11）同書一四四ページ

(12) 以下からは、当時のこうした様子がうかがえる。金城隆一／永富奈津恵／田中俊英「座談会「ひきこもり」議論がうっとうしい」「少年育成」二〇〇四年八月号、大阪少年補導協会
(13) 斎藤環『社会的ひきこもり――終わらない思春期』(ＰＨＰ新書)、ＰＨＰ研究所、一九九八年、一一〇―一一一ページ
(14) 同書一三八―一三九ページ
(15) 同書一三九ページ
(16) 川北稔「引きこもり親の会の組織戦略――「親が変わる」という解決策の選択」、日本社会病理学会編集委員会編「現代の社会病理」第十九号、日本社会病理学会、二〇〇四年
(17) あるウェブサイトに設置されている掲示板への書き込みを一部改変して引用した。
(18) 前掲『「ひきこもり」だった僕から』一三三ページ
(19) 同書一六八ページ
(20) 上山和樹「Freezing Point」(http://d.hatena.ne.jp/ueyamakzk/20040425)、二〇〇四年四月二十五日の日記
(21) 前掲『「ひきこもり」だった僕から』一七九ページ
(22) 前掲『「ひきこもり」救出マニュアル』五八ページ
(23) ひきこもっている(ひきこもったことがある)人々は、高学歴で高収入の父親と専業主婦の母親という、いわゆる中流家庭に育ち、本人も高学歴(もしくは高学歴志向)のことが多いといわれる。これは調査の実感とも重なる。とはいえ、「ひきこもり」が高階層の家庭に特有の問題だと考えることはできない。なぜなら、私たちが把握できるのは支援団体や自助グループなどにアクセスしてきたケースだけであり、そうして可視化したのが高階層の人々であったにすぎない可能性が高いからだ。ま

た、上山は費用を払えないために支援施設を利用できないというケースを紹介し、経済的余裕があるからひきこもるとは一概には言えないことを指摘している（前掲『「ひきこもり」だった僕から』一三四ページ）。

ところで「ひきこもり」の原因は、しばしば親子関係に帰属されるが、本書ではあえて親子関係を外すような形で分析をおこなっている。その理由は以下である。まず、親子関係原因論は、ひきこもっている子どもをもつ親をひどく追い詰めているという現状があるため。これは親の会などに熱心に足を運ぶ人に限られるのかもしれないが、そうした言説に打ちのめされ、自己批判を繰り返し、消耗しきっている人は少なくない。次に、当事者のなかにもこの言説にとらわれ、堂々めぐりを繰り返しているように見受けられる人がいるため。そういう人は自分の苦しみの一切の責任を親に負わせ、それを親に理解してもらうことを強く求めるあまり、それ以外の苦しみの緩和・解消の糸口に目が向きにくくなっているように思える。したがって、親子関係の重要性は認めているものの、意図的に分析の焦点をそこから外した。もちろん、個々の当事者の足取りを描く際には親子関係についても触れるが、それ自体を問題化するような議論はおこなわない。これを物足りなく感じる読者は多いと予想するが、親子関係原因論は極めて常識的な見方であるために、あえてそこに特化した議論をおこなわないでおきたいのである。

（24）たとえば斎藤環が小杉礼子との対談で、そうした旨の発言をおこなっている（玄田有史／小杉礼子／労働政策研究・研修機構『子どもがニートになったなら』生活人新書、ＮＨＫ出版、二〇〇五年、一八一ページ）。

（25）前掲「Freezing Point」、二〇〇四年四月二十五日の日記から

第2章 「ひきこもり」の社会的文脈

本章では、これまで「ひきこもり」がどのような文脈で問題化されてきたのかを概観する。最初に新聞記事数と関連書籍数の推移から、おおよその流れを確認したい。

図1は、「朝日新聞」と「読売新聞」で「ひきこもり（引きこもり）」という言葉を含む記事数の推移を表したものである。(1) 若者に関わる問題として「ひきこもり」という言葉が両紙に登場したのは、一九九〇年前後である。それまでは「家に引きこもりがちな障害者」（「朝日新聞」一九八五年十一月十八日付夕刊）、「独り暮らしの老人は、引きこもりがちなので」（「読売新聞」一九八八年二月八日付）といったように動詞形で用いられていたが、この頃から名詞形での用法が見られるようになる。七〇年代末に「いじめる」という動詞から「いじめ」という名詞が派生し、社会問題として扱われるようになったのと同様、(2)「ひきこもり」は八〇年代末から九〇年代前半にかけて社会問題の語彙の一つになったと言える。(3)

さて、記事数をみると、一九九〇年代初頭まで十件前後で推移していたのが中頃から漸増し始め、二〇〇〇年に大きく跳ね上がっている。それは容疑者が「ひきこもり」とされた事件が立て続けに

図１ 「朝日新聞」「読売新聞」における関連記事数の推移

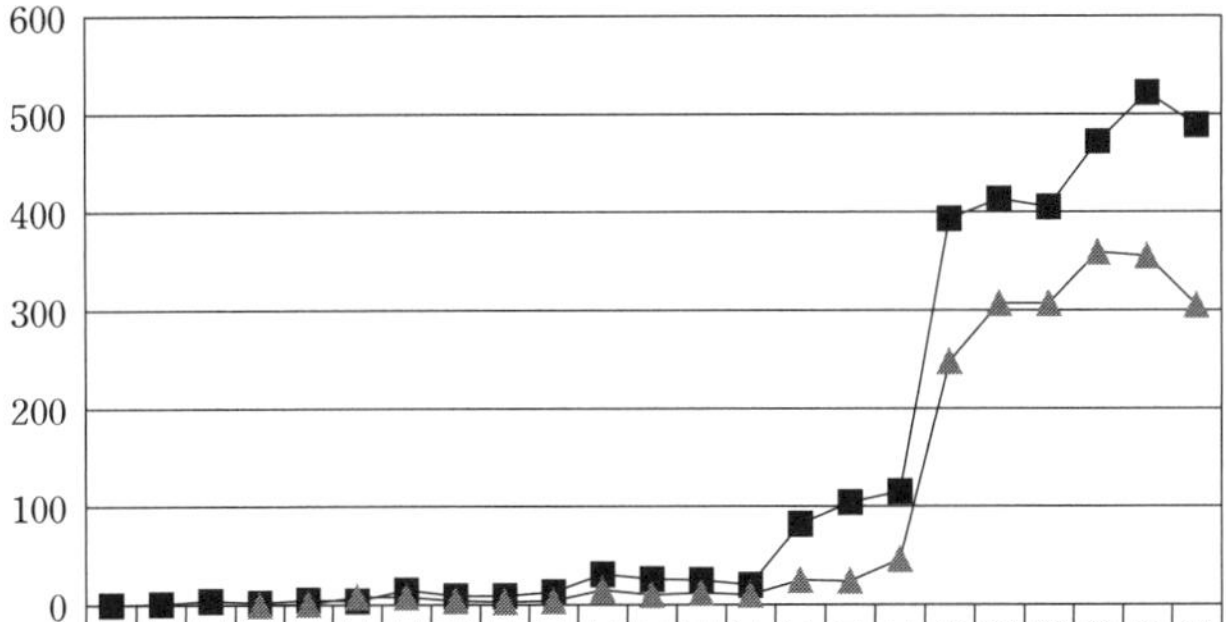

	1983年	1984年	1985年	1986年	1987年	1988年	1989年	1990年	1991年	1992年	1993年	1994年	1995年	1996年	1997年	1998年	1999年	2000年	2001年	2002年	2003年	2004年	2005年
朝日新聞	0	1	4	2	5	4	15	9	9	13	31	26	25	20	82	104	115	393	413	405	472	522	489
読売新聞	—	—	—	0	1	8	8	4	3	4	15	10	12	10	25	24	46	248	307	307	359	355	305

図２ 関連書籍の刊行点数

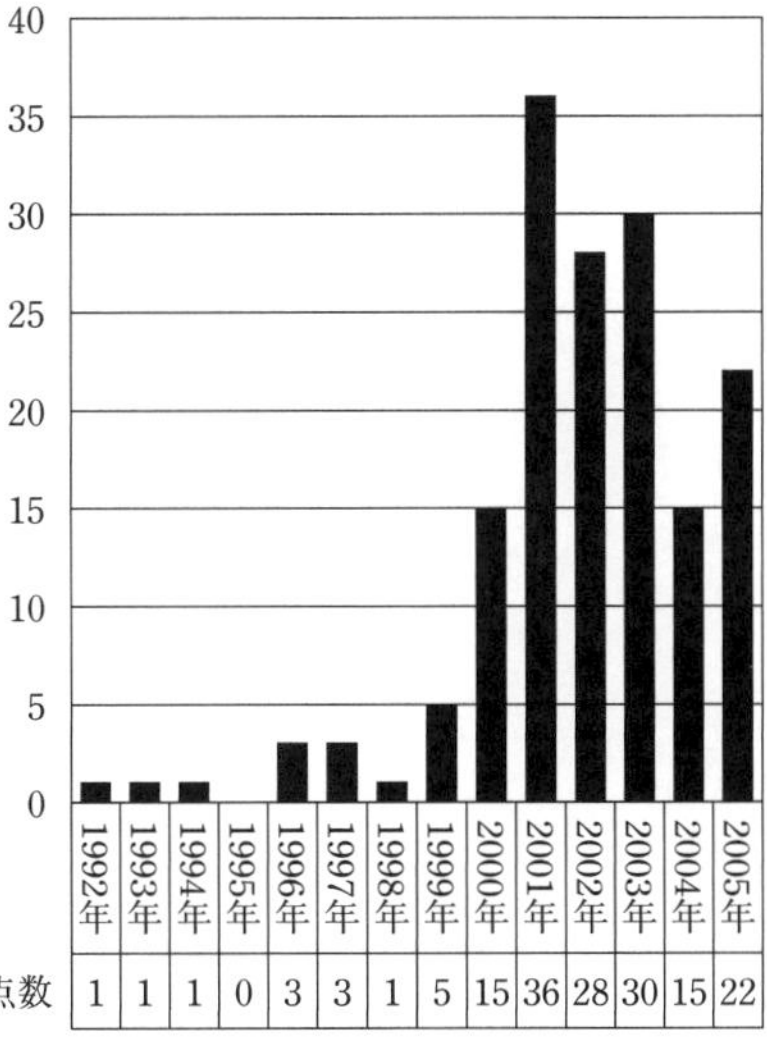

	1992年	1993年	1994年	1995年	1996年	1997年	1998年	1999年	2000年	2001年	2002年	2003年	2004年	2005年
刊行点数	1	1	1	0	3	3	1	5	15	36	28	30	15	22

起きた年である。それから「読売新聞」では〇三年、「朝日新聞」では〇四年まで増加し、〇五年には双方とも減少している。これは記事数だけで言えることではないが、〇四年に「ニート」がにわかに注目を集め、そちらのほうに世間の関心が移ったためではないかと考えられる。また、関連書籍の刊行数の推移を示したのが図2[4]だが、新聞記事数とだいたい同じ傾向が見て取れる。

以上から、「ひきこもり」は一九八〇年代末に社会問題の一つとして認識されるようになり、九〇年代を通じて緩やかに関心を集め、二〇〇〇年代に入ってから急速に社会的認知が進み、〇四年以降は過熱化した報道が収束の方向に向かっている、という大まかな絵を描けるだろう。そこで以下では、この二十年間を①一九八〇年代後半、②一九九〇年代、③二〇〇〇年代前半、④二〇〇四年以降に区分し、「ひきこもり」がどのような文脈で問題化されてきたのかを整理したい。[5]

1　一九八〇年代――「無気力化した若者」

この頃「ひきこもり」という言葉は、一九七〇年代から問題になっていた「若者の無気力化[6]」というトピックとの関連で用いられていた。「ひきこもり」の関連記事が初めて登場したのは、「読売新聞」が八九年、「朝日新聞」が九〇年である。それぞれの見出しは「若者の無気力を分析してみました　平成元年版青少年白書」（「朝日新聞」一九九〇年一月十二日付夕刊）、「青少年対策を総合的に　登校拒否にも取り組み　審議会が意見書」（「読売新聞」一九八九年六月二十日付）で、いずれも政府の青少年対策についての記事である。

「読売新聞」のほうは青少年問題審議会による意見書「総合的な青少年対策の実現をめざして」の内容を紹介したもので、「意見書では（略）「非行はなお予断を許さない状況にある」とする一方で、この十年で倍増した中学生の登校拒否や思春期を中心とした精神的な〝ひきこもり〟の増加などを指摘[7]」とある。そして、この意見書をもとに「平成元年度版青少年白書」が編まれた。そこでは、「ひきこもり」を「無気力」や「自殺」と並んで、「周囲の環境や社会生活になじむことができなくなったり、積極的に適応する努力が困難になったりする」ような「非社会的問題行動[8]」に分類している。解説では「ひきこもり」と「無気力」は同じ項目にまとめられており、「これらを厳密に定義することは難しい」と前置きしたうえで、「引きこもりは、例えば、一日中自室にこもったり、食事も自室に持ち込んで一人で摂ったりするなど、家族以外の人間だけでなく家族との接触までも最小限にしようとするものであり、無気力は、例えば、学業や職業生活等への興味を失って、無為のままいつまでも日を過ごしてしまうもの[9]」としている。

ここで記述してある「ひきこもり」の状態像は、近年報告されているものとも重なっている。ただし、この白書について報じた記事では「これまで敬遠されがちだった若者の無気力問題に、政府の公的報告書である白書が本格的に切り込む姿勢を示したことは、今後、波紋を広げそうだ」（「朝日新聞」一九九〇年一月十二日付夕刊）とあり、当時問題視されていたのは若者が無気力で活力に欠けることであって、〈社会参加〉していないことではなかったことがわかる。以上のように、この時期の議論で「ひきこもり」は「無気力」と並列され、結びつけられている。これは、同じ時期に発表された雑誌論文からも確認できる。[10]

一方、「若者の無気力化」という問題は、精神医学の分野でも盛んに取り上げられていた。大学生については特に「スチューデント・アパシー」の用語があてられ、笠原嘉によって「退却神経症」[11]と概念化された。近年の論考で「スチューデント・アパシー」や「退却神経症」を「ひきこもり」の先行概念として位置づけるものは少なく、[12]また笠原も「退却神経症」とは「成人における非精神病性ひきこもりの最初の記述だったかもしれない」[13]と述懐している。笠原の提唱する「退却神経症」概念の要諦は、学校や職場といった「本業」の領域からの「部分的退却」[14]という点にある。だが、山田和夫は「重症化」すると「本業」からの「選択退却」から社会生活全般からの「完全退却」へと移行するとし、「時に、自宅、下宿に引きこもってしまうこともある」[15]と指摘している。

また、稲村博は「アパシーの程度(重症度)」によって「軽度」「中等度」「重度」の三段階に分けているが、「中等度」と「重度」についての記述は、まさに「ひきこもり」そのものと言っている。[16]稲村門下で現在は「ひきこもり」論議の中心的論者たる斎藤環は、稲村の著書には「いまで言うひきこもりに該当するケースが相当含まれている」が、「私が医者をはじめた一九八六年当時は「若者のアパシー状態が問題という論点で状況を捉えて」[17]いたと、当時を振り返っている。

このように、いまなら「ひきこもり」とされるような事例は二十年前から存在していたが、それはあくまで「退却神経症」や「アパシー」として扱われていた。そうではなく「ひきこもり」それ自体が問題化するのは一九九〇年代以降、不登校支援の文脈においてである。

2　一九九〇年代──不登校からの分化

一九九〇代に入ってからは一部の公的機関で「ひきこもり」の支援の試みが開始され[18]、民間では九〇年に開設されたフリースペース、フレンドスペースがその先駆けである。当時代表を務めていた富田富士也は、「ひきこもり」をタイトルに冠する最初の著書を発表した人物である。

富田が「ひきこもり」という言葉を用いるようになったのは、不登校児の「その後」の姿を表現するためであった。富田は一九八〇年代から不登校の相談活動に従事していたが、初めのうちは二十歳を超えた子どもをもつ親からの相談の多さに驚かされたという。学齢期を終えれば不登校児たちは「束縛から解放され自由になり生き生きと生活しているものと思い込んでいた」ため、二十代を迎えても「日々の生活には存在感がなく、友人関係も希薄で独り身を余儀なくされている[19]」若者の存在は、富田を戸惑わせた。しかも、このような不登校児の「その後」がメディアで取り上げられることはなかったことから、富田は「どちらかというと家に閉じこもる子どもたちに深い関心をもちはじめ、彼等はどこに追い詰められているんだろうと探し求め[20]」るようになっていったという。そして、このような若者との対話を通じて「人とふれあいたい（友だちがほしい）のにふれあえないという葛藤」が「次なる仲間集団の場に旅立」つことを阻んでいると考えるようになり、富田はそうした心理的葛藤を「ひきこもり」と呼ぶようになったのである[21]。

富田は「ひきこもり」についての最初の著書で次のように述べている。

引きこもりとは、学校、社会、知人、そして親からさえも逃避し、人間関係を拒絶することである。それは、他人との関わりや付き合いを苦手とする段階がさらに進み、怖いと感じるところまで追いつめられてしまったものである。しかし、欲求として人間を求めているわけで、そこで苦しむのだ。(22)

ここで述べられているように、ひきこもる若者たちは「人間関係を拒絶」しながらも同時に「人間を求めて」おり、この裏腹さが苦痛を生んでいる、というのが富田の主張の要点である。さらに富田は、このような葛藤は不登校児だけでなく高校中退者や就職を忌避する若者にも共通するものであり、つきつめてみれば彼らは人間関係を拒否しているのだと主張した。(23)このように「ひきこもり」を「コミュニケーション不全」の問題と捉え、若者の心理的葛藤を何よりも重視する立場は、近年の著書に至るまで一貫している。(24)

しかし、こうした富田の見解は、工藤定次から厳しく批判されることになった。その批判は、まず富田が「ひきこもり」をある種の心性と捉えたことに向けられている。富田が述べたような内的葛藤を抱えている者は「この世の中に、それこそ沢山いる」にもかかわらず、それを「ひきこもり」と定義することで「対応も曖昧になってしまう」(25)というのだ。一方、工藤自身は「ひきこもり」を「「家から出られない」状況の子ども（大人）を指すことばであり、それ以上、それ以下ではない」[26]と断定する。この限定的な定義は、従来の不登校支援ではフリースペースやフリースクールなどに自ら通うことができる子どもだけが対象となり、「家から一歩も出られない子ども」は見過ごされてきたという事実認識に基づいている。したがって、一方では富田が「光の当たってこなかった「ひきこもっている子がいる」事実を広く認識させた功績は大きい」[27]と評価しながら、他方では「ふれ合いたいのにふれ合えない」という心理的葛藤を「ひきこもり」と捉えた点に対しては、フリースペースという「〝通い〟を前提にした場」での支援にとって「都合が良かった」[28]だけなのではないかと手厳しい。

しかし、ここで強調したいのは、両者の相違点ではなく共通点である。すなわち、両者がともに不登校支援で取り残されてきた領域として、「ひきこもり」を問題化しているという点だ。「ひきこもり」は「不登校の子どもたちへ注がれる親や社会のまなざしが増えていくなかで（略）社会的に「発見」されることになった」[29]という指摘がある。一九八〇年代に入って不登校児の生活ぶりが把握されるなかで明らかになったのは、「不登校をしている子どもの一部がずっと家の中にこもり続けているという現象であり、もう一つは不登校のまま高校年齢を終えた子たちが社会へ出ないままこもり続けるという現象」[30]だった。さしあたり前者を〝不登校のなかの「ひきこもり」〟、後者を〝不登校その後としての「ひきこもり」〟と区別しておこう。

〝不登校のなかの「ひきこもり」〟は、一九八〇年代には「閉じこもり」と呼ばれていた。[31]というよりも、それこそが不登校の実態であったという。七〇年代に我が子の不登校に直面して以来この問題に取り組み続けている奥地圭子は、「一九七〇年代・一九八〇年代は、登校拒否を考えることは閉じこもりを考えること」[32]だったと述べている。なぜなら、当時はフリースクールやフリースペースなどなく、外出しようにも出かけられる場所は存在していなかったからだ。しかも、いまよりも不登校に対する世間のまなざしは格段に厳しく、それゆえ子どもたちは閉じこもらざるをえなかったのである。

一九八〇年代後半になるとフリースクールやフリースペースが開設され、そうした学校外の居場所に通う子どもたちが増えていった。しかし、これで〝不登校のなかの「ひきこもり」〟が全て解決されたわけではない。当時、工藤は次のような危機感を覚えたという。

奥地圭子さんのフリースペース、フリースクール運動が起こったときに、おれは「こいつらは打ち捨てられていく」と思ったよ。家から外に出て行ける人間の対応策だけが、主流となっていった。家から出られない、フリースペースに通えないやつは、どうなっちゃうんだと思ったね。家から出られないやつは、十年、二十年たっても、ずっとそのまま一歩も出られずにいるんじゃないか。それがたまっていって、どうしようもない時代が来るだろうと、おれは当時から思ってた。その予感は不幸にもあたってしまったね。[33]

この発言で注目すべきは、「家から外に出て行ける人間の対応策だけが、主流」になり、〝不登校のなかの「ひきこもり」〟が「打ち捨てられ」たために〝不登校その後としての「ひきこもり」〟が生み出された、とされている点だ。ここで工藤が「家から外に出て行ける人間の対応策」として想定しているのは「待つ」とか「親が変化する」といったもので、[34]それはまさに奥地らによって推進されてきた不登校運動のなかで強調されてきたものである。

不登校は一九八〇年代まで「病気」と見なされ、学校に行けない子どもは治療・矯正の対象とされていた。しかし、奥地らはこれに対して「病んでいるのは子どもではなく学校だ」と対抗し、親をはじめ周囲の人間が「学校に行かなければまっとうな大人にはなれない」という学校信仰から自らを解き放ち、子どもを受容し見守っていれば自力で動きだすはずだ、と力説した。この主張は八九年に始まった学校不適応対策調査研究協力者会議の最終報告書にも取り入れられ、「不登校には学校教育のあり方が関わっており、ゆえにどの子にも起こりうる」との認識が示された。そして、従来の強制登校から一転、「閉じこもりなど精神的に不安定な状況がみられるときに、登校を強く促したことがかえって事態を悪化させる」場合もあるとして、「見守る姿勢」の大切さが強調されたのである。[35]

このような「見守る」とか「待つ」といった対応への批判が、工藤の議論の根幹をなしている。ただし、工藤はこれらの対応を全面的に否定しているわけではない。この対応はフリースクールやフリースペースに通えるような「自らが動ける子ども」には有効でありうることを認めている。しかし、あくまでその有効性は一部に対してであり、「自らは動けない子ども」には別の対応があってしかるべきだ、というのが工藤の主張である。多様なはずの不登校のあり様が一括りにされ、画一的に「待つ」対応がなされているということに、工藤は憤ったのだ。[36]

以上を要するに、工藤が「ひきこもり」という言葉を持ち出したのは、不登校を外に出られるタイプと自宅にこもり続けるタイプに大別したうえで、後者のタイプ、すなわち〝不登校のなかの「ひきこもり」〟には独自の対応が必要なことをアピールするためだったと言える。加えて、〝不登校のなかの「ひきこもり」〟に誤った対応をすること、つまりは子どもが自分で動きだすのを待ち続けることが、〝不登校その後としての「ひきこもり」〟につながる可能性に人々の目を向けさせることも意図されていたと考えられる。

だが、工藤にとっては、それは可能性ではなく現実であった。「待ちなさい」という援助者のアドバイスに親が忠実に従った結果、何の変化も起こらないまま成人年齢を迎え、自宅どころか自室からも出られなかったり、親を責め続けてときには暴力を振るったりする、そういう若者たちの姿を目の当たりにしてきた経験に根ざして、工藤は「親はただじっと見守り続けていなければならないのか(37)」「その期間は三ヶ月なのか三年なのか、五年なのか、十年又は、それ以上なのか(38)」という問いを投げかけ、「〝待つ〟というだけの行為に終止符を打ち、〝行動〟さえすれば」、子どもたちは「〝ひきこもり〟という〝生き地獄〟から救われる(39)」と訴えたのである。

ではなぜ、「待つ」という対応は「自らは動けない子ども」には不適切なのか。工藤は「待つ」ということを、具体的に「考える時間」を「待つ」ことと言い換えている。通常であれば考えるという営みは有意義だが、ひきこもっている間は情報や知識などが不足している。そのため、あまりに長期にわたると「考えても、考えても同じ結論にしか到らず、極めて苦しい作業」になり、子どもは「途中から考える時間を作らないようになっていく(40)」。そうなると「待つ」というのは時間を浪費させているのと同じことになってしまうため、頃合を見て「周辺の大人たちが何等かの刺激を与え、家の外に出すこと」[41]が必要だという。あまりに長く待ちすぎることは子どもを放置するのとほとんど同義であり、にもかかわらず放置した結果が「ひきこもり」だと工藤は考えているのだ。そこで工藤は第三者が介入する時期を明確化する必要があることを強く主張し、最近の著書では、ひきこもり始めてから「半年～一年」[42]をその目安としている。

工藤は斎藤環との対談で、「「待つ」ことによって、十年、二十年と無為に過ごしてきた人々がすごくたくさんいる。おれは、「待て」とか「親が変わればいい」とか言い続けてきたやつらの尻拭いをしてるんじゃないかと思うと、正直言ってイヤになる」[43]とその胸の内を吐露しており、斎藤もこれに同意を示している。この二人は訪問活動の是非や援助における親の位置づけといった点では対立しているものの、第三者の介入を積極的に認めている点では一致している。そこで、次に斎藤の議論を紹介しよう。

斎藤は不登校支援と関連させながら、治療的介入の必要性をこう説明している。

不登校児を治療すべきではないというようなところで親や教師、治療者がともに手を出しかねているうちに、不登校がひきこもりに遷延化していってしまったのではないかということです。現実問題として、三十、四十代の息子や娘が、年老いた親たちの世話になりながら、悶々と暮らしているという（略）状況があるということです。（略）場合によっては、早いうちに周囲からおせっかいというか、ひきこもることに対抗するようなはたらきかけがあったほうが、結果的に彼らを支えることになるのではないかと考えないではないんです。（略）不登校がこじれて、ひきこもりに移行し、本人も苦しんでいるようなら治療を考えていこうと言っているのです。[44]

この発言からは、「ひきこもり」とは不登校の支援で医療が敬遠され、治療的介入の機会を逸したために生み出された問題であり、したがって医療は積極的かつ早期に「ひきこもり」の治療に乗り出す必要がある、との認識が読み取れる。[45][46] こうした彼の認識は、「ひきこもり」に関する最初の著書から一貫している。まず斎藤は、社会学者タルコット・パーソンズの「病人役割」概念を引きながら、「ひきこもり」は「本人の意向にかかわらず、治療されるべき」[47]だという見解を示した。これに対しては多くの批判が寄せられたため、[48]後に「ひきこもり事例の一部、とりわけ精神症状を伴うなどしてこじれたケースについては、精神医学的な治療が部分的に有効であり得る」[49]と訂正した。だが、斎藤は依然として治療的介入の必要性を主張し続けている。その根拠は、ひきこもっている当人が「システマティックな悪循環の構造のなかに取り込まれ、抜け出したくても抜け出せない」[50]という葛藤に陥っていることにある。

この引用中の「悪循環」とは、「ひきこもり」を理解し援助をおこなううえでのキーワードである。別のところで斎藤は「ひきこもりの期間が長いほど、その程度が重いほど、いっそうひきこもりが強化されるという悪循環が起こりうる」[51]と指摘しており、この問題は多くの論者が取り上げている。先に紹介した工藤もまた、介入の目安を「半年〜一年」に設定した根拠を説明するなかで、ひきこもっている期間が一年以上になると「悪循環にはまり、ひきこもりをいたずらに長引かせるだけ[52]」だと述べている。では、この悪循環とは一体どのようなものなのか。ここでは斎藤の議論を中心に見ていこう。

ひきこもることは、ときに「休養のため、あるいは創造行為や鍛錬のために必要とされる[53]」と、まず斎藤は述べる。これと同様の見解は、初期の論者として言及されることが多い臨床心理士の田中千穂子も示している。[54]要は、家族以外の他者との交流が失われているということが、ただちに問題視されるわけではないのだ。それが問題視されるのは、斎藤の表現を借りれば、ひきこもってい る期間が長引くほどに「自傷行為」に近づくと考えられているためである。[55]「ひきこもり」特有の悪循環として論じられてきたのは、このような、ひきこもっている状態の長期化と当人の精神的苦痛との相関関係だと言える。

斎藤は右記引用中の「システマティックな悪循環の構造」を、「ひきこもりシステム[56]」として概念化している。このシステムは個人・家族・社会という三つのシステムが互いに閉鎖的になることで生じるとされ、それはこじれるほどに安定するため、ひきこもっている状態が長期化するのだという。具体的に説明すると、ひきこもっている期間が長引くと当人のなかでは就労への圧力から焦燥感や不安が生じ（個人―社会）、そこに家族からの説教や叱咤激励が加わると、それらが膨らんでいっそう身動きがとれなくなり（個人―家族）、さらには家族も世間体のために問題を抱え込むことで（家族―社会）、ひきこもっている状態が長期化・安定化していくのである。しかも、こうした長期化の過程は、ひきこもったきっかけの多様さにかかわらず奇妙なまでに似通っていると、斎藤は指摘する。[57]

また塩倉裕は右の個人レベルの悪循環に着目し、そこには「成人は働かなければいけない」という当人の規範意識と、他者とのコミュニケーションの喪失が作用していることを論じている。[58] ここで特に重要なのは、「社会に出なければならない」という思いが強いほどひきこもっている状態から抜け出しにくくなるという逆説的な事態が生じている、という指摘だ。[59] つまり、ひきこもっている現状を肯定できないからこそ不安や焦燥感が生じるのであり、また自己評価が著しく低下すると同時に社会への恐怖感も芽生えるのだ。このとき他者との関わりがあれば、自己や社会への否定的イメージが書き換えられるチャンスもあるだろう。しかし、斎藤が指摘するように、ひきこもる人々にとって「他者のイメージは、たんに外傷をもたらすだけの迫害的なイメージにとどまっている」。[60] そこで「他者による介入」[61] が鍵になるというわけだ。

さらに付け加えるならば、以上のような悪循環論からは、ひきこもっている状態は本人の意に反して続いているという認識が導かれる。この点を強調するために、わざわざ自発性の項目を定義に含める論者もいる。たとえば塩倉は、「対人関係と社会的活動からの撤退が本人の意図を超えて長期間続いている状態」[62] と定義している。第三者による介入は、まさにこのような非自発性によって正当化されているのである。

したがって、仮に当人が自ら進んでひきこもっているのであれば、あるいはその状態から抜け出したいと思ったときにすぐ抜け出せるのならば、あえて介入する必要はない、ということも言われている。たとえば工藤は、「胸を張って、本気で、「自分は出たくない」という人がいるとすれば、それはその人の生き方の問題」なので、そこまでは「立ち入らない」[63] と述べている。が、工藤はこの後すぐに「いまだかつて、私はそういう人に会ったことがない」と続け、たたみかけるようにしてNHKが当事者を対象におこなったアンケート調査から、「自ら望んでなったわけではない状況から抜け出そうとして、第三者の助けを必要としている」[64]という若者自身の希望を読み取り、だから介入しなければならないのだと結論づける。このように、ひきこもっているのは自発的にではないということ、加えて当人がその状態から抜け出したいと望んでいること、ひきこもっていることで当人が苦しんでいること、このことが第三者の介入を正当化する根拠として位置づけられている。ただし、このように本人の意思に依拠することの危うさについては、すでに第1章で論じたとおりである。

以上をまとめよう。工藤と斎藤は、不登校における従来の「待つ」とは異なる独自の対応が必要な問題として「ひきこもり」を規定した立役者と言えるが、その治療・援助論のポイントは以下二点に要約できる。第一に、不登校のなかで適切な処置をされなかった層、言うなれば放置された層が「ひきこもり」の一部をなしているということ。第二に、ひきこもっている期間が長引くことで独力では断ち切りがたい悪循環が生じるため、積極的に第三者が介入する必要があるということ。こうして「ひきこもり」は、一九九〇年代半ば以降、近年の論議に直接つながる形で、まずは不登校支援の文脈で問題化されたのである。換言すると、従来の不登校支援のまずさを指摘することと、「ひきこもり」を問題化することはセットになっていた。不登校支援のなかで取り残されてきた子どもたちの問題として、そして取り残されたことで〈回復〉できなかった元・不登校児の問題として、「ひきこもり」はクローズアップされたのである。

さて、これと同じ頃から精神医学や心理学の分野でも学会でシンポジウムが開催されたり、[65]専門誌で特集が組まれたりするようになった。[66]また、一九九七年と九八年には「朝日新聞」で「引きこもる若者たち」というタイトルで特集記事が連載され、大きな反響を呼んだ。新聞社には、ひきこもっている若者やその家族、「ひきこもり」に共感あるいは反発した読者から、合計七百通以上の手紙と七百本以上の電話が寄せられたという。[67]また、加筆されたうえで同タイトルの書籍が刊行されたことからも、この連載のインパクトの大きさがうかがえる。さらに、九九年からはテレビでも「ひきこもり」を取り上げる番組が放送され始めた。[68]九〇年代後半以降、こうして「ひきこもり」は人々の関心を集めていったのである。

3 二〇〇〇年代前半――「ひきこもり」の社会問題化

「ひきこもり」という言葉がより広い範囲で認知されたのは、一九九九年末から立て続けに起きた三つの事件についての報道を通してだった。[69]容疑者たちはみな、あまり外出せず人と関わることを避けていたと報じられ、そうした生活ぶりは「ひきこもり」という言葉と結びつけられた。ただし「朝日新聞」では事件と「ひきこもり」とを直接に結びつける表現はあまり見られず、そうした内容の記事が散見されるのは「読売新聞」のほうである。

たとえば、二〇〇〇年二月一日付の朝刊に掲載された、新潟県在住の男性が十代の女性を九年間も監禁していた事件についての記事では、「「極度なひきこもり」専門家指摘」という小見出しのもとに、容疑者の男性が母親との接触も拒んで「部屋に閉じこもる生活」を送っていたと記述され、最後に「男性には極度な被害妄想やひきこもりの症状が見てとれる」という精神科医のコメントが引用されている。また、同年三月一日から三回シリーズで掲載された「閉ざされた世界」という連載記事の初回には「引きこもる二十、三十代」という副題がつけられており、その書き出しは「自宅にこもって、社会とのつながりを絶つ若者たちの「ひきこもり」が増えている。新潟県の女性監禁事件、京都府の児童刺殺事件の容疑者たちも社会との結びつきをかたくなに拒絶しているかのようだった」というものである。この後には「専門家の推定では数十万人とも百万人に膨らんでもいるともいわれている」と続き、さらに斎藤環の「長期化すると、専門家の援助なしには立ち直れないが、対応機関が少なく、増える一方だ」という談話を交えながら、「ひきこもり」の増加と対策の必要性を伝えている。

そして、佐賀県のバスジャック事件についての記事に至っては、見出しから「ひきこもり」という言葉が躍っている。すなわち「高速バス乗っ取り 孤立した十七歳の凶行 高校中退、ひきこもり」（二〇〇〇年五月五日付）、「バス乗っ取り少年がネットに「僕はヒッキー」 二月末に「ひきこもり」を公言」（二〇〇〇年五月十四日付西部版）、「バス乗っ取り事件 少年の〝心の闇〟深く ひきこもり、家庭内暴力、そして…」（二〇〇〇年五月十五日付大阪版夕刊）といった具合である。

一九九九年と二〇〇〇年の関連記事数を比べると、「朝日新聞」では約三・四倍（百十五件→三百九十三件）、「読売新聞」では約五・四倍（四十六件→二百四十八件）に急増しており（図1を参照）、短期間のうちに「ひきこもり」についての膨大な情報が人々に提供されたことがわかる。しかも、そのほとんどは以上のように犯罪と関連づけられたものであり、これによって人々の間で「ひきこもり」が犯罪の温床であるかのようなイメージが形成されたとしても不思議はない。また塩倉は、二〇〇〇年に入って間もなくおこなった講演会で犯罪報道に触れたとき、会場が一瞬にして緊張感に満たされたと回想している。(70)一連の犯罪報道が「ひきこもり」に関わる人々にどれほどの衝撃を与えたのかがうかがえるエピソードである。

当時のこうした状況は、まさに「モラル・パニック」と呼ぶことができるだろう。「モラル・パニック」とは、ある状況やエピソードや個人あるいは集団が短期間のうちに社会的価値を脅かすものとして定義される現象を指し、学識者や市民が道徳的なバリケードを築き、さらに社会的に信用されている専門家たちがその問題を診断し、解決策を提言するようになる事態である。(71)塩倉が分析するところによれば、「ひきこもり」が非常に高い注目を集めたのは、犯罪への不安だけではなく、人々が漠然と抱いていたいくつかの不安が刺激されたためだという。すなわち、「禁欲的勤勉をよしとする労働倫理が崩れることへの不安」「超高齢化社会を目前にした社会保障面の不安」(72)である。また、「ひきこもり」について報じられる際は必ずと言っていいほど「全国に百万人」といった推測値が添えられたが、この膨大な数字によって右記の不安が煽られ、「治療的・訓練的・強制的な援助法を期待する気運」(73)が高まったのだろうと分析している。

このように「ひきこもり」が社会にとって害悪と見なされるようになったことは、やはり不幸なことだったと言わざるをえない。しかし、どのような形であれ「ひきこもり」という言葉が広く認知され関心をもたれたことは、ひきこもっている若者やその家族、そして彼／彼女らのサポートをおこなってきた人々にとって悪いことばかりでもなかったと言える。まず、各地で民間団体による支援活動、当事者や親によるグループ活動が活発化した。そして二〇〇一年には、厚生労働省が全国の精神保健福祉センターと保健所に対応のガイドラインの暫定版を通達し、〇三年には最終版が出された。(74) こうして支援体制が整備されたことで、これまでどこに相談すればいいのかわからなかったり、医療機関や児童相談所などに行っても相談を断られたりしていた人々が、社会との接点を取り戻すきっかけを手にしたのである。

また、「ひきこもり」へのマイナス・イメージが全て払拭されたわけではないものの、メディアに最も露出する機会が多かった斎藤環の「啓蒙活動」などによって、「犯罪者予備軍」という「誤解」もだいぶ解けていった。(75) そして、「ひきこもり」とは何なのか、どう援助すればいいのか、といったことが盛んに議論されるようになった。以下では「ひきこもり」をめぐる社会状況の変遷を辿ることにしよう。

第1章で述べたとおり、長い間孤立を余儀なくされてきた当事者や家族をはじめ「ひきこもり」に関心をもつさまざまな人々が集まり、当時のコミュニティは活気にあふれていた。しかし、それも長くは続かず、やがて多くの当事者がその先に進んでいかないこと、具体的に言えば就労に結びついていかないことが問題視されるようになった。〝自助グループ（フリースペース）への「ひきこもり」〟という表現が出始めたのも同じ頃からである。この問題はすでに一九九〇年代末の時点で一部の援助者によって指摘されていた。すなわち、フリースペースなどの支援施設でも前述の「待つ」という対応がおこなわれており、それが利用者から社会に出るきっかけをつかみにくくさせていたのではないかという反省から、ただ「待つ」だけではなく積極的に「押し出す」ことも必要ではないかという問題提起がなされていたのである。[76] フィールド調査での実感からすると、このような問題意識は、だいたい二〇〇二、三年頃からコミュニティで広く共有されていったように思う。

そのきっかけとなったのは、おそらく、二〇〇三年七月に「ヤングジョブスポット」が横浜にオープンしたことだろう。これは「ヤング・ハローワーク」には敷居の高さを感じる若者のための施設で、適性のある職種探しの手伝いや、履歴書の書き方の指導などをおこなっている。厚生労働省管轄の独立行政法人雇用・能力開発機構が運営しているが、実質的な運営主体は民間団体である。二〇〇六年の時点で全国に十四ヵ所設置されているが、「ヤングジョブスポットよこはま」は、それに先駆けてモデル事業として始まった。そのときに企画・運営の中心となったのが、前節で登場した工藤定次が理事長を務めるNPO法人青少年自立援助センターであり、このほかにも「ひきこもり」の関連団体が関わっていた。表向きは「ひきこもり」に限らず広く就職に悩む若者を対象としていたが、オープンしてからしばらくは「ひきこもり」の当事者が主な利用者だったようだ。[77] また、「アテンダント」と呼ばれるスタッフには「ひきこもり」の当事者が何人か採用され、当初は彼／彼女らに就労体験の場を提供するという目的もあったのではないかと考えられる。

いずれにせよ、「ひきこもり」の当事者が利用しやすい就労支援の場が用意されたことで、就労を重視する風潮が強まったのは確かだろう。だが、この風潮を決定づけたのは、「ニート」という言葉の登場であった。この言葉にいち早く注目し高い関心を寄せたのは、誰よりも「ひきこもり」

に関わる人々であったことは間違いない。

4 二〇〇四年以降——「ニート」の登場

「ニート」という言葉は、次のようにして流布していった。まず、二〇〇四年五月十七日付の「産経新聞」に「NEET 働かない若者/就労意欲なく親に〝寄生〟」という見出しの記事が掲載され、七月に出版された玄田有史らによる『ニート——フリーターでもなく失業者でもなく』(幻冬舎、二〇〇四年)はベストセラーとなった。次いで九月に厚生労働省「労働経済白書」での「無業者五十二万人」との発表以降、いっせいに「ニート」報道が始まり、この言葉は瞬く間に普及していった。「ニート」は「無業者のうち求職活動をしていない者で、在学も通学もしていず、かつ配偶者のいない者」[78]を指すが、諸議論で「ひきこもり」はその一部とされたのである。

もともと「ニート」はイギリスの社会的排除防止局による報告書[79]で用いられた概念である。これが若年就業支援政策の国際比較研究[80]を通じて日本に紹介されると同時に、「ニート」に関する日本で初めての報告書が提出されたが、そこで調査対象となったのは「ひきこもり」の関連団体であった[81]。また、前掲の「産経新聞」記事では小杉礼子による「ニート」の四類型が紹介されており、そこでは「ヤンキー型」「立ちすくみ型」「つまずき型」と並んで「ひきこもり型」が挙げられていた。その後、フリーターを含む無業者へのインタビュー調査から改めて五つのタイプに分類されたが、そのなかの「就業以前の社会関係の構築から支援を要する」とされる「つながりを失う」タイプは、「ひきこもり」に相当すると考えられる。[82]

このように「ニート」に関する議論で「ひきこもり」は「ニート」に含まれるものとして位置づけられ、「ひきこもり」に関わる人々も積極的にこの概念を取り入れていった。まず、「ひきこもり」の関連団体のなかでも、就労支援に力を入れていたところが「ニート」支援を謳うようになった。そうした団体の一つであるNPO法人ニュースタート代表の二神能基は、二〇〇四年十二月におこなわれた玄田との対談で、「ニートの中に引きこもりがすっぽりと含まれている」のであって、自分のやってきたことは「実はニート対応ではなかったか」[83]と発言している。また、工藤定次は「日本労働研究雑誌」の「特集：若年無業——NEET」に提言を寄せているが、その内容はこれまで彼が「ひきこもり」について言ってきたことと全く変わらない。[84]

また、政府による「ニート」対策の要として厚生労働省が二〇〇五年に開始した「若者自立塾」[85]は、〇七年七月の時点で三十の民間団体が実施主体となっているが、そのなかには「ひきこもり」の支援実績をもつ団体が複数含まれている。[86]「ひきこもり」の支援団体の最大の悩みは資金不足にあったが、「若者自立塾」の委託先になれば公的助成を受けられるようになる。つまり、「ひきこもり」の「その先の支援」である就労支援[87]」を進めるにあたって、「ニート」の概念は高い利用価値を認められたということだろう。

さらには援助者だけでなく、当事者のなかにも自らを「ひきこもり」ではなく「ニート」と再定義する者が現れた。[88] また、NPO法人文化学習協同ネットワーク代表理事の佐藤洋作は現場での実感に基づいて、「若者自立塾」は一応「ニート」対策と銘打っているけれども、問い合わせの大半はひきこもる子どもを抱える親からのものであり、実際のところ支援を求めてくるのは「ひきこもり」の人々だと述べている。[89]こうしたことからは、「ひきこもり」に関わる人々の間で共有されていた「対人コミュニケーションの復活後、さてそこからどう社会に接続していくのか、言い換えると、社会の中でどう働くのか、どう就労するのか、どう「稼ぐ」のか」[90]という問題意識に応えるものとして、「ニート」の概念は受け止められたことがうかがえる。

さて、一部で就労重視の風潮が色濃くなることへの警戒があったことはすでに述べた。小杉によれば「ニート」とは、「「なぜ働かなければならないのか」と言ったら、「当然働くんでしょう」という前提に立った言葉」[91]だという。そのため「ひきこもり」が「ニート」と一括りにされると「シンプルに「働くか／働かないか」の問題だけ」になってしまい、「就労プレッシャーが高まるのではない」[92]かという意見もあった。にもかかわらず「ニート」の概念が「ひきこもり」のコミュニティで受け入れられた背景には、当事者の高年齢化への危機感があったと考えられる。[93]

二〇〇四年十月に大阪府で三十六歳・無職の男性が六十代の両親をネクタイで絞殺する事件が起きたが、この事件については「ひきこもりは長期化、高年齢化の傾向にある。東大阪の事件はその最たる悲劇だ」（「読売新聞」二〇〇四年十一月八日付大阪版夕刊）といったように、当事者の高年齢化が背景にあるとされた。「朝日新聞」はこの事件について、「三十六歳、両親殺害の疑い「将来悲観」自宅に二十年間［大阪］」という見出しで、「同容疑者は高校中退後、約二十年間引きこもっていたといい、「職に就けない自分がふがいなく、三人の将来の生活が不安になって殺した」と供述しているという」(二〇〇四年十月二十日付)と報じた。そして、「読売新聞」の記事では、父親の年金以外に収入がなく、借金もあって公共料金も滞納していたこと、容疑者の男性が「両親を殺害後、死のうと思って睡眠薬を飲んだ」(二〇〇四年十月二十日付大阪版夕刊)と供述したことも伝えられた。

この事件について、斎藤環は「「ひきこもり」がもたらす構造的悲劇」(「中央公論」二〇〇四年十二月号、中央公論新社)という論考を発表している。斎藤は「この事件は単なる殺人事件ではなく、むしろ「心中事件」ととらえるべきだ」としたうえで、次のような見解を示した。すなわち、この事件は多くの事例に共通する「ひきこもり当事者の高年齢化、両親の高齢化と衰弱、経済的困窮、そして周囲の無理解」が重なった結果であり、就労のプレッシャーなど「あとほんの一押し」があれば「同じ悲劇が繰り返される」可能性が高いという点で、「構造的な問題」と見たのである。

さらに翌月には茨城県で二十八歳・無職の男性が両親と姉を殺害する事件、続いて同県で十九歳の少年が両親を殴り殺す事件が起きた。前者の容疑者は職業を聞かれて「いわゆる引きこもりだ」と答え、「家族が自分に殺意を持っていると思った」(「朝日新聞」二〇〇四年十一月二十六日付)と供述したという。これに対し記事では、一見幸せそうな家庭のなかで「長男は孤立を深めていったのか」という一言が添えられている。そして後者の事件については、少年が「祖父の殺害の邪魔になるので〔両親を:引用者注〕最初に殺した」と供述していること、「高校を卒業後、引きこもりがちな生活を送っていた自分に対し「しっかりしろ」と注意をする祖父を一番恨んでいた」と語っていることが報じられた。

これらの報道によって再び「ひきこもり」を犯罪と結びつけてバッシングする論調が高まることがコミュニティでは懸念されたが、このときはそういう方向には流れなかった。被害者がみな容疑者の家族だったせいか、一連の事件は「ひきこもり」の当事者やその家族の置かれた逼迫した状況を印象づけることになったのかもしれない。むしろ、この事件によって衝撃を受けたのは、コミュニティの人々のほうだったように思う。とりわけ当事者やその家族は、いつ我が家もこうしたところまで追い詰められてしまうかわからないと不安を抱き、こうならないうちに何とかしなければならないと焦燥感を強めたように見受けられる。こうして二〇〇四年末から、当事者を就労へと押し出そうとする動きは一段と大きくなり、この流れは現在に至るまで続いている。

5 「ひきこもり」からの〈回復〉イメージの変転

以上、約二十年間にわたる「ひきこもり」をめぐる社会状況、および「ひきこもり」が問題化される文脈の変遷を素描してきた。ここまでの議論からは、〝不登校→「ひきこもり」→「ニート」〟という流れが見えてくる。この流れはそれぞれの〈回復〉が論じられるなかで生じたものであり、求められている〈回復〉のあり方もそのつど姿を変えてきた。(94)

不登校では、子どもがエネルギーを充塡して自分から動きだすのを待っていれば、やがて再登校するなりフリースクールに通うなりするだろうと考えられていた。この頃は、たとえ学校に通えなくとも、その子がいきいきと生きていけるようになることが〈回復〉であった。こうした〈回復〉像は、特に奥地圭子らの周辺で主張されていたが、その奥地のやり方を批判する形で「ひきこもり」は問題化されてきた。何年待っても動きださないまま就学年齢を終えてしまったケースが可視化したのである。

こうして「ひきこもり」という言葉で、このようなケースに別個に対応していく必要性が主張されるようになった。「ひきこもり」では、ただ学校に行けないというだけでなく、他者との関わり全般を忌避していることが前面に押し出され、コミュニケーションの復活が〈回復目標〉となった。だが、それでも一九九〇年代後半までは「人とふれ合いたいのにふれ合えない」という若者たちの葛藤を強調する富田富士也が中心的論者として活躍し、そうした精神的葛藤と折り合いをつけ、再び他者との関係性のなかに分け入っていくことが〈回復〉とされていた。

ところが二〇〇〇年代に入って「ひきこもり」が社会的に認知され、その増加が騒がれるようになってからは、そうした精神的・心理的問題への注目は後退した。さらには対人関係を取り戻しても自助グループやフリースペースなどから一歩踏み出して働くことができない人々が目立ち始めたことと、折からの日本経済の低迷と若年無業者問題とが重なり合い、就労および経済的自立が強調されるようになった。こうしたところに登場したのが「ニート」であり、ここで就労の実現が最終的な〈回復目標〉となったのである。

ここで指摘しておきたいのは、以上のような流れのなかで〈回復〉の基準が、ひきこもった当人の〝葛藤の緩和・解消〟や〝充実感の獲得〟といった内面的なところから、〝対人関係の獲得〟や

〝就労の達成〟といった外面的なところへと変化している点だ。これは、一九九〇年代から二〇〇〇年代にかけて「ひきこもり」をめぐる議論が、若者を社会に引っぱり出すための対策論としての色合いを強めてきたことの表れでもあり[95]、そのなかで「ひきこもり」は〝外部〟から判断できる状態として定義され、ひきこもった当人の〝内部〟で起きていることには目が向きにくくなっていったと考えられる。

しかし、第1章第2節で述べたとおり、〝対人関係の獲得〟や〝就労の達成〟といった外面的なところを何より重視する〈社会参加〉路線は、限界を露呈しつつある。私はこれを克服する契機を、〈社会参加〉路線が徹底される過程で削ぎ落とされていった内面的な問題に求めたいと思う。このような振る舞いは、いたずらに問題を複雑化させているように見えるのか、特に治療・援助をおこなっている立場からは敬遠されがちである。しかし、物事が単純化されていくなかで〝落とし物〟があったのだとすれば、それを拾ってきて荷物を整理し直す必要がある。これは単に荷物を散らかしているのとは決定的に違う。ここでの〝落とし物〟とは、当事者自身の経験である。いよいよ次章から、それを描いていくことにしよう。

注

（1）それぞれ以下のオンライン・データベースを利用した。「朝日新聞」記事データベース「聞蔵DNA for Libraries」（朝日新聞社、http://database.asahi.com/library/）一九八四年八月以降の記事、

「読売新聞」記事データベース「ヨミダス文書館」（読売新聞社、http://www.yomiuri.co.jp/bunshokan/）一九八六年九月以降の記事。

（2）伊藤茂樹「「心の問題」としてのいじめ問題」、日本教育社会学会編集委員会編「教育社会学研究」第五十九集、東洋館出版社、一九九六年、二五ページ

（3）前掲「「引きこもり」の援助論と親の位置」一九二ページ

（4）「NACSIS Webcat」（国立情報学研究所、http://webcat.nii.ac.jp/）で「ひきこもり（引きこもり）」および「ひきこもる（引きこもる）」を、タイトルか副題に含むものを検索した。

（5）以下では、長期間にわたって〈社会参加〉しない状態にある若者が、いつから存在していたのかという実態レベルでの議論ではなく、基本的には、誰がどのような文脈で「ひきこもり」を問題化してきたのかを検討している。

（6）若者論の系譜は以下を参照。小谷敏編『若者論を読む』世界思想社、一九九二年、市川孝一「若者論の系譜——若者はどう語られたか」、文教大学人間科学部紀要委員会編「人間科学研究」第二十五号、文教大学、二〇〇三年

（7）ただし、意見書では「精神的な〝ひきこもり〟」という表現は見られず、「ひきこもり」とは何なのかということも具体的に書かれていない。意見書は、国立オリンピック記念青少年総合センター「青少年教育データブック二〇〇五」（国立オリンピック記念青少年総合センター、http://nyc.niye.go.jp/youth/book2003/）に収録されていたものを参照した。

（8）総務庁青少年対策本部「平成元年度版青少年白書」大蔵省印刷局、一九九〇年、五ページ

（9）同白書二七—二八ページ

（10）「NDL-OPAC」（国立国会図書館、http://opac.ndl.go.jp/）の雑誌記事索引を利用して、「ひきこも

り（引きこもり）」をタイトル・副題・キーワードのいずれかに含むものを検索した。「ひきこもり」をタイトルに含む最初の論文は、北尾倫彦「落ちこぼれ・無気力・ひきこもり」、教育と医学の会編「教育と医学」第三十四巻第五号、慶應義塾大学出版会、一九八六年。また一九九〇年代に入って発表されたものだが、初期の論文として以下も挙げておく。上林靖子「講座十代のこころを診る――思春期相談のために（4）ひきこもり、無気力、モラトリアム」「公衆衛生」第五十七巻第四号、医学書院、一九九三年

（11）笠原嘉「退却神経症という新しいカテゴリーの提唱」『アパシー・シンドローム――高学歴社会の青年心理』岩波書店、一九八四年

（12）たとえば以下を参照。前掲『社会的ひきこもり』、楢林理一郎「「ひきこもり」とは」「保健婦雑誌」第五十六巻第二号、医学書院、二〇〇〇年、牛島定信「最近のひきこもりをどう考えるか」「精神療法」第二十六巻第二号、金剛出版、二〇〇〇年、武藤清栄「ひきこもり概念の変遷とその心理」、前掲「現代のエスプリ　ひきこもり」、斎藤環『ひきこもり文化論』紀伊國屋書店、二〇〇三年、倉本英彦／大竹由美子「ひきこもりの歴史的展望」「こころの科学」二〇〇五年九月号、日本評論社

（13）笠原嘉「スチューデント・アパシーと社会的ひきこもり」、斎藤環編『ひきこもる思春期』所収、星和書店、二〇〇二年、六〇ページ

（14）前掲「退却神経症という新しいカテゴリーの提唱」

（15）山田和夫「スチューデント・アパシーの基本病理――長期縦断観察の六十例から」、平井富雄編『現代人の心理と病理』所収、サイエンス社、一九八七年、三六〇ページ

（16）稲村博『若者・アパシーの時代――急増する無気力とその背景』（ＮＨＫブックス）、日本放送出版協会、一九八九年

（17）斎藤環／山下英三郎／藤井誠二「本当ですか?!「不登校の子はひきこもりもする」」「月刊子ども論」二〇〇一年九月号、クレヨンハウス、八ページ
（18）前掲「ひきこもり概念の変遷とその心理」、塩倉裕「〝引きこもり〟の現状」、前掲「保健婦雑誌」第五十六巻第二号
（19）富田富士也「登校拒否その後――人間関係がわずらわしい」「少年育成」一九九五年九月号、大阪少年補導協会、九ページ
（20）同論文九ページ
（21）同論文一〇ページ
（22）富田富士也『引きこもりからの旅立ち――登校・就職拒否から「人間拒否」する子どもたちとの心の記録』ハート出版、一九九二年、二八ページ
（23）同書二四ページ
（24）たとえば、富田富士也『心のサインを見逃がすな――わが子を「透明な存在」にしないために』（新引きこもりからの旅立ち）、ハート出版、二〇〇〇年
（25）工藤定次／スタジオ・ポット『おーぃひきこもり　そろそろ外へ出てみようぜ――タメ塾の本』ポット出版、一九九七年、五〇―五一ページ
（26）同書五八ページ
（27）同書四九ページ
（28）同書五四ページ
（29）前掲『引きこもり』一八五ページ
（30）同書一八五ページ。不登校問題の変遷については、以下を参照。Atsushi Yamazaki, "The Medica-

lization and Demedicalization of School Refusal: Constructing an Educational Problem in Japan," in Joel Best ed., *Troubled Children: Studies of Children and Social Problems*, Aldine de Gruyter, 1994、朝倉景樹『登校拒否のエスノグラフィー』彩流社、一九九五年、工藤宏司「「不登校」の社会的構築――モノグラフの試み（上）／（下）」「大阪教育大学教育実践研究」第三、四号、大阪教育大学教育学部附属教育実践研究指導センター、一九九四、九五年

（31）登校拒否を考える会編『学校に行かない子どもたち』教育史料出版会、一九八七年、一二九ページ、奥地圭子『登校拒否は病気じゃない――私の体験的登校拒否論』教育史料出版会、一九八九年、一二五―一二六ページ

（32）奥地圭子『不登校という生き方――教育の多様化と子どもの権利』日本放送出版協会、二〇〇五年、五一ページ

（33）前掲『激論！ひきこもり』一八―一九ページ

（34）同書一九ページ

（35）『登校拒否（不登校）問題について――児童生徒の「心の居場所」づくりを目指して（学校不適応対策調査研究協力者会議報告）』文部省初等中等教育局、一九九二年

（36）前掲『おーぃひきこもり　そろそろ外へ出てみようぜ』五四ページ

（37）同書三〇ページ

（38）同書一九ページ

（39）同書四六ページ

（40）同書一九―二〇ページ

（41）同書三〇ページ

(42) 工藤定次／YSCスタッフ／永冨奈津恵『脱！ひきこもり——YSC(NPO法人青少年自立援助センター)の本』ポット出版、二〇〇四年、三〇ページ
(43) 前掲『激論！ひきこもり』七五ページ
(44) 前掲「本当ですか?!「不登校の子はひきこもりもする」」一七ページ
(45) ここで批判対象となった奥地は、この発言がなされた鼎談が掲載されたのと同じ雑誌で斎藤らの見解に強く反論した。奥地圭子「「本当ですか?不登校の子は、ひきこもりもする」に反論します。」「月刊子ども論」二〇〇二年二月号、クレヨンハウス
(46) 二〇〇二年に全国の精神保健福祉センターと保健所計六百四十三ヵ所を対象におこなった調査によれば、小・中学校のいずれかで不登校の経験をもつ者は全体の三三・五パーセント、高校・大学まで含めると全体の六一・四パーセントにのぼる(伊藤順一郎／吉田光爾／小林清香／野口博文／堀内健太郎／田村理奈／金井麻子「「社会的ひきこもり」に関する相談・援助状況実態調査報告(ガイドライン公開版)」厚生労働省、http://www.mhlw.go.jp/topics/2003/07/tp0728-1f.html#top、二〇〇五年)。また一九九三年度に不登校をしていた元児童を対象に二〇〇〇年に実施された「不登校に関する実態調査」では、不就労・不就学の状態にあった者は全体の二二・八パーセントという結果が出ている(現代教育研究会「「不登校に関する実態調査」(平成五年度不登校生徒追跡調査)について」文部科学省、http://www.mext.go.jp/b_menu/houdou/13/09/010999.htm#top、二〇〇一年)。こうした調査結果は、不登校が将来「ひきこもり」につながる可能性をクローズアップし、不登校に対する認識や対応のあり方に変化をもたらした。そうした変化をうかがわせるものとして、以下を参照。不登校問題に関する調査研究協力者会議「今後の不登校への対応の在り方について(報告)」、文部科学省、http://www.mext.go.jp/b_menu/public/2003/03041134.htm、二〇〇三年、石川瞭子『不登校から脱

出する方法』青弓社、二〇〇二年、貴戸理恵『不登校は終わらない――「選択の物語」から〈当事者の語り〉へ』新曜社、二〇〇四年

(47) 前掲『社会的ひきこもり』一一七―一一八ページ

(48) たとえば、一九九〇年代半ばから取材を開始した「朝日新聞」記者の塩倉裕は、斎藤の「視線の底には、成人は働くべきだという「正論」を強調する姿勢がある」と批判している(塩倉裕「「引きこもり」を見る視点」「高校生活指導」第百五十二号、全国高校生活指導研究協議会、二〇〇二年、一一ページ)。また、これと同じような違和感はコミュニティにもあるようだ。たとえば子どもの不登校を経験したある女性からは、この部分を初めて読んだときはまるで脅されているかのような印象を受けた、という話を何度か聞いたことがある。

(49) 前掲『ひきこもり文化論』二六ページ

(50) 同書三一ページ

(51) 前掲『社会的ひきこもり』九七ページ

(52) 前掲『脱!ひきこもり』二六ページ

(53) 前掲『「ひきこもり」救出マニュアル』二四ページ

(54) 田中千穂子『ひきこもり――「対話する関係」をとり戻すために』サイエンス社、一九九六年、二三―二四ページ

(55) 前掲『社会的ひきこもり』一一七ページ

(56) 同書九二―一〇八ページ

(57) 前掲「ひきこもりと社会性」六二ページ

(58) 前掲『引きこもり』二一〇―二一七ページ

(59) 同書二一五ページ
(60) 前掲『社会的ひきこもり』一一七ページ
(61) 以下の論文は、援助実践を他者性の導入という観点から分析している。中村好孝「支援活動からみたひきこもり――ある民間支援団体の事例を手がかりにして」、関東社会学会機関誌編集委員会編「年報社会学論集」第十八号、関東社会学会、二〇〇五年
(62) 前掲『引きこもり』二〇五ページ
(63) 同書一五ページ
(64) 前掲『脱!ひきこもり』一七ページ。ここで引用されているアンケート調査の結果は、以下を参照。斎藤環監修、NHK「ひきこもりサポートキャンペーン」プロジェクト編『ひきこもり――hikikomori@NHK』日本放送出版協会、二〇〇四年
(65) 前掲「ひきこもり概念の変遷とその心理」三九ページ
(66) 一九九七年に「臨床精神医学」(アークメディア)、一九九九年に「精神分析研究」(日本精神分析学会)と「こころの科学」(日本評論社)で特集が組まれた(NDL-OPACで検索)。
(67) 前掲『引きこもる若者たち』一四八―一五一ページ
(68) 「ひきこもり」に関連する番組が放送されるようになったのは、一九九九年以降である(檜垣昌也「〈ひきこもり〉に関するイメージの研究」「淑徳大学大学院研究紀要」第十一号、淑徳大学大学院、二〇〇四年)。
(69) 報道の詳細は、前掲『引きこもり』一七四―一七六ページを参照。
(70) 同書一七七ページ
(71) Stanley Cohen, *Folk Devils and Moral Panics: The Creation of Mods and Rockers*, Routledge,

2002[1972],p.1

（72）前掲「「引きこもり」を見る視点」一一―一二ページ

（73）前掲『引きこもり』一八〇ページ。なお、このように数値を提示することは、問題の増加と深刻化を印象づけ、対策の必要性をアピールするためによく用いられる方法である（ジョエル・ベスト『統計はこうしてウソをつく――だまされないための統計学入門』林大訳、白揚社、二〇〇二年、上野加代子／野村知二『〈児童虐待〉の構築――捕獲される家族』世界思想社、二〇〇三年）。

（74）厚生労働省『十代・二十代を中心とした「ひきこもり」をめぐる地域精神保健活動のガイドライン――精神保健福祉センター・保健所・市町村でどのように対応するか・援助するか』（厚生労働省、http://www.mhlw.go.jp/topics/2003/07/tp0728-1.html）、二〇〇三年

（75）前掲『「ひきこもり」救出マニュアル』二ページ

（76）蓮井学／金城隆一「もう「待つ」議論はやめたい」「少年育成」一九九九年五月号、大阪少年補導協会

（77）アテンダントの経験がある知人の談話。

（78）労働政策研究・研修機構『若者就業支援の現状と課題――イギリスにおける支援の展開と日本の若者の実態分析から』（労働政策研究報告書No.35）、労働政策研究・研修機構、二〇〇五年、七九ページ

（79）Social Exclusion Unit, Bridging the Gap: New Opportunities for 16-18 year olds not in Education, Employment or Training, 1999 (http://archive.cabinetoffice.gov.uk/seu/docs/bridging_the_gap16_18.pdf).

（80）日本労働研究機構『諸外国の若者就業支援政策の展開――イギリスとスウェーデンを中心に』（資料シリーズNO.131）、日本労働研究機構、二〇〇三年

(81)小杉礼子/堀有喜衣『学校から職業への移行を支援する諸機関へのヒアリング調査結果――日本における NEET 問題の所在と対応』(ディスカッションペーパー・シリーズ)、労働政策研究・研修機構、二〇〇三年

(82)労働政策研究・研修機構『移行の危機にある若者の実像――無業・フリーターの若者へのインタビュー調査(中間報告)』(労働政策研究報告書 No.6)、労働政策研究・研修機構、二〇〇四年、二一六ページ

(83)玄田有史/二神能基「「ニート」と「ひきこもり」――若者が見つけられないこの国の希望の正体とは」、稲邑恭子/中村泰子編「くらしと教育をつなぐ We」二〇〇四年十二月号、フェミックス、四―五ページ

(84)ここでの「ニート」とは社会経験に「〝穴〟が存在」している若者であるとの表現は、前掲『脱!ひきこもり』でも見られる。

(85)「若者自立塾ポータルサイト」(若者自立塾支援センター、http://www.jiritsu-juku.jp/)

(86)NPO法人青少年自立援助センター、同ニュースタート、同文化学習協同ネットワーク、同北陸青少年自立援助センターなど。政府による政策的支援については以下を参照。伊藤正史/三上明道「若年の就業・自立を支援する政策の展開と今後の課題――無業者に対する対応を中心として」「日本労働研究雑誌」第五百三十三号、労働政策研究・研修機構、二〇〇四年、荒岡作之「就業支援政策の新展開と「フリーター」問題――「若者自立・挑戦プラン」の検討を中心に」「大阪経済法科大学論集」第八十七号、大阪経済法科大学経法学会、二〇〇五年

(87)伊藤順一郎/吉田光爾「ひきこもりガイドラインの反響と意義」「こころの科学」二〇〇五年九月号、日本評論社、二二ページ

（88）二〇〇四年七月、ある集まりに四年ほど当事者として参加し続けていた人から、「自分は「ひきこもり」ではなく「ニート」だったんだと思う」との発言を聞いた。また、最近では自己紹介の際に「ニート」と名乗る人も珍しくない。

（89）佐藤洋作「若者自立塾の現場から――佐藤洋作さんに聞く」「前衛」二〇〇五年十一月号、日本共産党中央委員会、一四七ページ

（90）樋口明彦／石前博之／上田陽子／金城隆一／田中俊英『分岐点に立つひきこもり』ドーナツトーク社、二〇〇五年、五ページ

（91）前掲『子どもがニートになったなら』二四四ページ

（92）前掲『分岐点に立つひきこもり』二三ページ。ただし、この発言をおこなった田中俊英自身は、「ニート」概念がコミュニティの閉塞状況を打破することに期待を寄せている。

（93）永富奈津恵「ニート騒ぎの真ん中で考えたこと（上）」「少年育成」二〇〇五年三月号、大阪少年補導協会、一七ページ。また、ＮＰＯ法人全国引きこもりＫＨＪ親の会が、全国にある支部の参加者を対象におこなった質問紙調査でも、当事者の高年齢化の問題は、大きく取り上げられている（境泉洋／植田健太／中村光／嶋田洋徳／金沢吉展／坂野雄二「「ひきこもり」の実態に関する調査報告書②――ＮＰＯ法人全国引きこもりＫＨＪ親の会における実態」全国引きこもりＫＨＪ親の会、二〇〇五年）。

（94）こうした見方は、エマーソンとメッシンガーの「トラブルの自然史」（Robert M.Emerson and Sheldon L.Messinger "Micro-Politics of Trouble," *Social Problems*, 25, 1977）と、中河伸俊の「アーティキュレーション仮説」（中河伸俊「社会問題ゲームと研究者のゲーム――「社会問題」と「逸脱」へのコンストラクショニスト・アプローチの諸課題」、富山大学教養部編「富山大学教養部紀要人

文・社会科学篇」第二十五巻二号、富山大学教養部、一九九二年）から示唆を受けている。いずれも「解決策」の適切さ／不適切さが、「逸脱」や「社会問題」の定義を左右していくことを論じたものである。

(95) 塩倉は、一九九〇年代から二〇〇〇年代にかけて代表的論者が、若者の葛藤に寄り添う姿勢を基本としていた富田富士也から、外部から強制的に介入して若者を矯正しようとする傾向の強い斎藤環と工藤定次へと移行したことから、「ひきこもり」を「解決すべき深刻な社会問題」と見なし、その早期解決を期待する社会の気分を読み取っている（前掲「「引きこもり」を見る視点」一一ページ）。

第3章　自己防衛戦略としての「ひきこもり」

本章から当事者の語りを読み解いていくが、先に次のことを断っておかなければならない。すなわち、以下では「ひきこもり」の原因については論じない、ということだ。議論の順序としては、そこから論じ始めるのが自然だろう。もちろん、どのようにしてひきこもったのかという個人的背景やきっかけとなった出来事については、それぞれできる限り詳細に紹介するつもりだが、ひきこもり始めた原因や契機を類型化したり分析したりするようなことはしない。なぜなら、当事者が語る原因や契機は誰もが経験しうるような出来事ばかりであり（たとえば進路選択上の挫折、親との葛藤、友人との行き違い、いじめなど）、そこから「ひきこもり」に固有の何かが導き出せるとは考えられないからだ。また、「原因」として当事者によって語られることも、多くの場合は遡及的に見出されたものである。「その頃はそう思っていなかった」とか「これは後づけで考えたことだから」といったような前置きを、インタビューではよく聞いた。よって、それらを「ひきこもり」の原因として一般化することに、何ほどかの認識利得があるとは思えない。

ただし、これは研究者や援助者が外側から一般的・普遍的な原因を探ることにはさほど意味がないということであって、それぞれの当事者が自身の経験を振り返り、〝なぜ自分はひきこもったのか〟を整理することは重要だと考えている。というのも、その作業は当事者一人ひとりが自己理解を深めることにつながるからだ。ひきこもり始めた原因を特定できたとしても、その時点に戻って問題を取り除き人生をやり直すことはできないが、現在の自分に納得し、受け容れていく助けになりうるという点で、それを知ることの意義は大きい。加えて周囲の人間が彼／彼女らの個別的な経験を理解するためにも、なぜひきこもったのかを知ることは有益だろう[1]。そこで以下でも、個々の当事者が、なぜ、どのようにひきこもったのかについては、可能な限り細かく書き込んでいくつもりである。

また付け加えておくならば、どうしてひきこもり始めたのかということと、どのようにしてひきこもり続けるのかということは、区別して考えたほうがいい。従来盛んに論じられてきたのは後者であり（たとえば前章で見た悪循環論はこちらに分類される）、本章で重点的に論じていくのもこちらの問題である。仮に、ひきこもり始める原因を誰しも経験しうるような「一種の挫折体験[2]」に置くとするならば、ひきこもることを〝予防〟するのは絶対的に不可能だ。前章で見たとおり、ひきこもることが問題視されるのは、きっかけや原因はどうあれ、いったんひきこもり始めるとそこから容易に抜け出せなくなるためである。とすれば、どのようにしてひきこもり続けるのか丹念に読み解くことで、ひきこもっている状態がいたずらに長期化することを防ぎうるし、いまひきこもり続けているケースに対してもそこから抜け出す糸口を示すことができるはずだ。

さて、前置きはこのくらいにして、いよいよ当事者の語りへと進んでいこう[3]。

1　「ひきこもり」というスティグマ

「ひきこもり」というと、何年間も自宅や自室から一歩も出ないような状態を思い浮かべる人が多いだろう。しかし、実際「ひきこもり」とされる状態は多様であり、さまざまに下位分類が提案されている。一例を挙げると、自分の部屋に閉じこもって家族とのコミュニケーションをも拒絶する「かたくなひきこもり」と、家族との関係は維持している「ゆるやかなひきこもり」[4]。「社会的活動には関与しないが家庭内では家族との交流は保っている」という「家庭内ひきこもり」と、「家族との交流を避けて自室で一日中すごしながらも、自分の必要に応じて最低限の交流は維持するような自室内ひきこもり」[5]、自室に閉じこもって顔を見せない「純粋ひきこもり」と、ある程度の外出は可能な「ひきこもりがち」[6]などである。以上を整理すれば、ⓐ外出をせず家族との交流もない状態、ⓑ外出はしないが家族との交流はある状態、ⓒ外出もできて家族とも関われるが、それ以外の対人関係はない状態、となるだろう。

ここから言えるのは、当事者は他者が共在する全ての状況を回避しているわけではない、ということだ。では、彼／彼女らは一体どこなら出られて、どこには出られないのだろうか。誰なら会えて、誰には会えないのだろうか。本章では、アーヴィング・ゴフマンによる「パッシング」の議論を手がかりに、この疑問に答えてみたい。パッシングとは簡単に言うと、表沙汰になれば嘲笑や非難といった他者の否定的な反応を喚起しうる自己についての情報を操作し、「信頼を失う事情」をもたない者として、その場をやり過ごすための戦略である。[7] そして「信頼を失う事情」が顕在化したとき、それは「スティグマ」と呼ばれる。[8]

ひきこもっていることが、現代日本社会でスティグマであることは確かだろう。ただし、同じ〝家族以外の他者との交流が長期にわたって失われている状態〟でも、たとえば病気療養や創作活動のためであれば、批判されることはない。しかし、そのような理由もなく（あるいは周囲が理解できなかったり納得できなかったりする理由から）ひきこもっていることは、明らかに批判の対象となる。結論を先に述べてしまえば、だからこそ当事者はひきこもり続けるのだ。ひきこもるという行為は、当事者にとっては自己防衛のための戦略なのである。なぜそう言えるのかを説得的に示すことが本章の課題である。

2 生活誌的な匿名性の程度

「僕は部屋の中に閉じこもってたわけじゃないんですが、外でひきこもってたんですよ」とは、Aさん[9]の言葉である。Aさんは大学四年生で留年してから中退するまでの約三年間、「うそ通学」を続けていた経験をもつ。「うそ通学」とは、「朝出かけて行ってきます、と〔自宅を〕出て、まあ、主に＊＊〔地名〕ですね。主に一日中そこでぶらぶら過ごして、図書館、中央公園、その他いろんなとこ回って、それで夕方帰る」という生活のことである〔3―1〕。このような生活を送っていた間が、彼にとってはひきこもっていた時期にあたるそうだ。「外でひきこもってた」という言い回しは奇妙に聞こえるが、この点について述べる前にAさんがひきこもった経緯を述べておこう。

ひきこもった直接のきっかけとしてAさんが挙げたのは、大学四年生になって卒業論文と就職活動に取り組めなかったことである。「自分で考えて自分で行き先〔進路〕を決めるということをしたことがなかった」ために、その二つのイベントを前に立ちすくんでしまったのだという。大学進学までは偏差値などによって選択肢がある程度絞られるので、「自分で判断して決めなくても、進めてしまった」が、「就職するとなると、あるいは卒論のテーマとなると、まさに自分で考えて自分で決めるしか」ない。Aさんには、それがどうしてもできなかったのである。

それまでのAさんは、「ほんとにいい子」だったそうだ。親の言うことをよく聞き、きちんと勉強もして、特に問題を感じることなく学校にも通い続けていたようだ。ところが、Aさんは大学四年に進級する前後から、キャンパスのなかで所属学部の校舎にだけ近寄れなくなってしまった。授業やゼミにも当然出席することができず、また就職活動にも全く手をつけられなかった。ただし、そうなってもサークル活動だけは続けられていたという。

当時Aさんは大学の近くで一人暮らしをしていた。学校を休むようになってからしばらくして、実家に長期欠席の連絡が入ったため、両親が訪ねてきた。だが、そのときAさんは「大丈夫なふり」を装って、肝心なことは何も話さなかった。また両親も「それまでずっとうまくやってたのが急におかしくなるなんて考えなかった」せいか、そのまま帰っていったという。結局Aさんは留年することになったが、そのときも両親には、単位が揃わなかったのでもう一年通わせてほしいという程度のことしか話さなかったそうだ。

留年した後も、Aさんは全く学校に通うことはできなかった。サークルに顔を出す回数も減り、やがて電話を無視したり居留守を使ったりするようになったという。そうして外部との接触をシャットアウトしていたところ、親が再びアパートを訪ねてきた。そのときのAさんは、「飯も食わず風呂も入らず部屋も片付けず、歯も磨かない、ひげも剃らない」という状態だった[3―2]。そんな息子の姿を目の当たりにした両親は、すぐさまアパートを引き払い、Aさんを実家へと連れて帰った。それでもなお親に通学できないことを打ち明けられず、また親からも問い詰められることはなかった。このときは親も「現実逃避」していたのではないか、とAさんは考えている。こうしてAさんは実家から大学に通わせてもらうことになったが、実際は「うそ通学」を続けることになったのである。

こうした経緯を一通り辿った後、ひきこもり始めた時期を確認しようと私は質問をおこなった。

I：いま思うと、ひきこもり始めっていうのは、大学四年生からですか。

A：そうですね。まあ…そのときはまだ助走期間っていう感じで…ひどくなったのはやっぱり実家に戻ってきてからですね。九六年から。それからひどくなりました。九五年のときは、まだ家族以外の人間との関係というのはあったんですよ。その、サークルっていうのがね。でも、こっちに戻ってきてからそれもなくなっちゃって。…そうですね。完全になくなったのは九六年の暮れ頃ですね。その頃からどっこにも行かなくなって。…それからですね。いわば、本当のひきこもりは。家族以外の人間と、交流を一切もたない状況になったのは。僕はそう思ってるんです。ひきこもりというのは。［3―3］

このようにAさんは、ひきこもっているかどうかを判断する基準として「家族以外の人間との関係」の有無を重視し、さらに「ひきこもり」とは「家族以外の人間と、交流を一切もたない状況」だという見解を明示している。だから、まだ「家族以外の人間との関係」があった大学四年のときは「助走期間」であり、実家に戻って一切それがなくなってからが「本当のひきこもり」だということになるのだ。つまり、留年以前も以後も卒業論文や就職活動に手をつけられないという点では変わらないが、「家族以外の人間との関係」が全くなくなったという点で、Aさんは実家に戻った時点を一つの区切りと見なしているのである。

この観点からすれば、本節の冒頭で示した「外でひきこもってた」という語りも、矛盾なく解釈できる。つまりAさんにとって、ひきこもるということは「家族以外の人間と、交流を一切もたない状況」にあるということであり、したがって外出したとしても一切誰とも交流をもたなければ、それは十分ひきこもっていたということになるのである。

ところで、こうした「ひきこもり」の捉え方は、コミュニティで広く共有されている。もとを辿れば、家族以外の対人関係の欠如を「ひきこもり」の中核的な特徴とする見方は、斎藤環が明確に打ち出したものである。斎藤の定義では「（自宅にひきこもって）社会参加をしない状態が六ヵ月以上持続」していることが「ひきこもり」の第一要件とされており、ここで言う「社会参加」とは一般にイメージされる就学・就労ではなく、「家族以外に親密な対人関係がある」[10]ことを指す。斎藤の治療論はコミュニティに対して非常に大きな影響力をもっており、そのせいか自宅や自室から一歩も出ないという状態は、「ひきこもり」とは区別されて「閉じこもり」と呼ばれることもある。

もう少し付け加えると、あるときT会の定例会で、「閉じこもり」という言葉には「物理的なイメージ」しかないが、「ひきこもり」のほうにはもっと「精神的なイメージ」があるという意見が参加者から出された。またインタビューでも、いつからひきこもり始めたのかという質問に対しては、家族以外の対人関係がなくなった時点だけでなく、そのような状態へと至らしめた苦悩や葛藤を抱き始めた時点を挙げる人が少なくなかった。こうしたことからは、「ひきこもり」という言葉は、単に他者との関わりを忌避する状態を指すだけでなく、そうした状態の背後に横たわっている心理的・精神的な問題までを含めて広く表現するものとして、人々に受け止められていることがうかがえる。第1章で、「ひきこもり」としては扱えても「ニート」では扱えない問題があると感じている人々がいることに触れたが、その問題は、こうした心理的・精神的次元での問題だと予想される。

さて、Aさんの話に戻ろう。Aさんは学校に通えないことをどうしても両親に話せず、それをごまかすために「うそ通学」を続けた。つまりAさんは毎日のように外出していたわけだが、そのとき人目は気にならなかったのかと尋ねると、彼は次のように答えた。

僕は外は平気だったんです。でも、僕は微妙に離れてるんです。△△の近くの◯◯っていうところに住んでるんですが、その、＊＊が居心地が良かったんです。なぜならここは学生街で、昼間若いのがいても全然不自然じゃないじゃないですか。で、ねえ、いっぱい歩いてるでしょ？　そのなかに紛れ込むのが非常に楽だったんですね。これがたとえば家の近所だとね、平日の昼間、僕みたいな歳の人がまずいないんですよ。で、それが非常に気になって。家から半径があって、そこを越えちゃうと楽なんですよね。で、それが＊＊であったりしたんですが。だから、人込みが嫌いっていう人がいるんですが、僕はすごい人込みが好きだった。人込みに紛れるのがすごい楽だったんですね。だから、よく□□、××、◎◎。そういうところに行って、ずっとじーっとしてました。そこは別に、じーっとしてても目立たないし、楽なんですね。むしろ、僕は一人ぽつんとしているほうが居心地が悪い。［3―4］

Aさんは、その理由を次のように語った。

その、不特定多数のなかに紛れられるんですよ。つまり、どこの誰でもなくても大丈夫っていうのがあって。つまり特定されないわけですよね。これだけ人がいれば。だから、あ、Aさんよとか、Aさんのところの長男よとか。そういう特定が絶対にされないんで、それが楽だったんですよね。［3―5］

Aさんが特に「居心地が良かった」のは、自宅の最寄り駅から三つほど離れた所だった。「なぜならここは学生街で、昼間若いのがいても全然不自然じゃない」からだと、彼はその理由を語っている。ここでのポイントは、人込みでは「どこの誰でもなくても大丈夫」だという点にある。私たちは、雑踏で行き交う一人ひとりが何者なのかということを確かめたりはしない。特別に他者の注意を引くことがない「ノーマルな外見[11]」さえ維持していれば、その外見から判断されるカテゴリーの一事例、たとえば学生、会社員、主婦などとしてすれ違うだけだ。私たちは、それが本当かどうか、いちいち確認することはない。ひきこもっていることは外見からでは判断しようがないので、人込みに紛れている限り他者から非難されることはありえない。だからこそ、Aさんは「不特定多数のなかに紛れられ」て、「どこの誰でもなくても大丈夫」な人込みが「楽だった」のである。

一方これが「家の近所」であれば、「平日の昼間」に自分と同じくらいの年齢の人間は「まずいない」から目立ってしまう。自分の姿を「見られて、どんな話をされてるんだろう。Aさんのところの長男昼間からぶらぶらしてるわ」と噂されているのではないか。「それが非常に怖かった」という。つまりAさんにとって苦痛だったのは、自分が「どこの誰」なのか「特定」されることだったと言える。ゴフマンによれば、ある人を「知っている」ということは、その人の生活誌的情報を把握していること、すなわち、どういう経歴の持ち主なのか知っていることを意味する[12]。たとえば、「Aさんのところの長男」は○○高校から××大学へ進んだらしい、大学入学と同時に家を出たが最近戻ってきたようだ、年齢は二十代半ばくらいだ……など。こうした知識から、「平日の昼間からぶらぶらしてる」のはおかしいという話になっても不思議はない。

以上から、当事者は匿名性の高い場には出て行くことができる、とまとめることができる。ここでは、人込みだから大丈夫、近隣だからだめ、と単純に分けられるものではないことに留意してほしい。たとえば、Dさんは「近所の目」は気にならなかったと語っている。[13] Dさんは、大学に入学してから漠然とした生きづらさに悩まされるようになり、大学を卒業してから間もなく、一年半ほどひきこもった経験をもつ。Dさんは大学入学を機に親元を離れたが、卒業後に仕送りを打ち切られ、アルバイトも長く続けられなかったために家賃が払えなくなって家族と再び同居することになった。ただし、そこは父親の仕事の都合で引っ越したばかりのところで、高校卒業まで暮らしていた「地元」ではなかった。そのため、Dさんは「近所の目とかぜんぜん気にしなくてよかった」という。つまり、このケースでは「相手に関する社会的情報——とりわけ彼の生活誌的な情報——が相対的に不足している[14]」という意味での匿名性が近隣でも保たれていたので、比較的外出しやすかったと考えられる。[15] このように、鍵となるのは生活誌的な匿名性の程度である。

3　精神的苦痛を助長されうるやりとり

前節では、生活誌的な匿名性の程度が、対人関係と行動範囲を規定する要因であることを明らかにした。すなわち、ひきこもっていることを他者に知られているかどうか、あるいは知られる可能性が高いかどうかということが、当事者にとっては重要なのである。だが、家族に関しては事情が異なるようだ。Aさんと同じように多くの当事者が、家族以外の他者との交流を一切もたない状態を「ひきこもり」と捉えている。これは裏を返せば、彼／彼女らは家族とは関われるということだ。Aさんの「うそ通学」に関しては、それによって学校に通えないという「信頼を失う事情」を隠していたという点で、家族に対するパッシングと見なせる。だが、彼のように家族に対してもひきこもっていたことを知られないようにしていたというケースは、あまり聞いたことがない。私がインタビューした人たちに関して言えば、みんな家族との交流は保っていたようである。

改めて確認しておくと、パッシングとは「特異性がただちに顕にならず、またあらかじめ人に知られてもいない（あるいは少なくとも他者に知られていることを当人が気づいていない）場合」[16]の戦略的行為である。したがって、「秘密」が露見している場合には基本的に必要とされないはずのものである。ゴフマンは、互いについて多くの情報を所有し、「信頼を失う事情」を含めて知り合っている間柄を親密な関係と捉えているが[17]、当事者はこの意味での親密な他者とは関われるのである。人によっては、こうした他者のなかに、家族だけではなく友人が含まれていることもある。調査協力者に限って言えば、家族とそれほど険悪な関係ではない人が多かったが、同じ家族でも全く関わり方が違ったという人もいる。ここでは、その傾向が顕著だったBさんについて見ていこう[18]。

Bさんは、大学を卒業してから約二年半、ひきこもった経験をもつ。「ひきこもり始めについて言えば、ここがっていうポイントは」なく、「気がついたら（略）家族以外の人との関わりをもてないような状態になって」いたのだという。Bさんは中学から大学までエスカレーター式の私立校に通い、大学四年まではストレートに進んでいった。しかし、三年から四年に進級するとき、「みんな四年で出るかもしれないけど、おれ五年にする」という感じで「何となく」留年し、同学年の友人からは一年遅れで就職活動を始めた。ところが、筆記試験には通っても面接の段階でことごとく不採用になった。このとき一学年下の人たちが次々に内定をもらっていくのを、Bさんは苦々しい思いで眺めていたようだ。これ以前にも、サークル活動で後輩に「追い越され」ていく挫折感を味わっていたためである。Bさんは「準体育会系」のスキーのサークルに所属しており、大学に入る前からスキーをやっていたので、入部当初は「自分で言うのもなんだけど、期待されて」いたそうだ。ところが、「途中で伸び悩ん」でしまい、自分よりも後からスキーを始めた人たちのほうが順調に「伸びて」いった。そのサークルでは「うまくない人はちょっと下に見られるようなところがあった」ため、そこでBさんは「小さく挫折」した。このときの経験を就職活動でなぞることになってしまったことも、どうやらBさんの挫折感をより深めたようである。

結局Bさんは夏休みに入ったところで「これ以上やってもむだだ」と判断し、就職活動を断念した。その後、Bさんは卒業論文を電車で紛失するというトラブルに見舞われて翌年大学を卒業することになったが、そのときも進路は未定のままだった。すでに就職していた友人との付き合いは疎遠になっており、また自分から遠ざけたこともあって、「家族以外の人との関わりをもてないような状態」になっていったのである（Bさんがひきこもっていく過程については第5章も参照）。

Bさんは両親との三人家族で育ち、特に親子関係に問題を抱えていたわけではないという。だが、大学を卒業する前後から、Bさんは父親を極端に避けるようになった。父親が会社から「帰ってくる頃になると、［居間から］いなくなったりとか、外行っちゃったりとかして（笑）、極力顔［を］

合わせないように」していたそうだ。父親がそばにいると、「文字どおり、息が詰ま」ったという。このように父親を「どうしても意識しないわけにはいかなくなって」きたのは、「やれ就職活動だ、という話がでてきたあたりから」だそうだ。というのも、「大学卒業したら、一般的なコースはそのまま社会人になるわけだから……やってる人と、やれてない自分ていうのをどうしても比較しちゃう」からである。

ここでの「一般的なコース」とは、別のところで語られた「高校から、いい大学入って、何か、そっからいいかどうか知らんけど……ま、就職してっていうコース」と同じものを指していると考えられる（［5―13］を参照）。「普通にのんびり学生やってる頃は」自分と父親とを「比較」することも「なかった」が、就職活動に行き詰まって「コース」を外れた頃から、Bさんは父親を「意識しないわけにはいかなくなっ」た。父親は「まがりなりにもやりたいこと」を「見つけて、仕事して、生計〔を〕立て」ながら生きている。「自分もそういうふうにならなきゃいけない」とは思うが、いまの自分には「できそうもない」。だから、Bさんは父親と一緒にいるのがつらかったのだ。

一方、母親とは「わりと衝突しなかった」という。この理由についてBさんは、母親は父親と違って「これからどうすんの的なことはほとんど言わなかったし」「別にそういうこと〔経済的自立を〕しているわけじゃないから」だと説明している。つまり、Bさんにとって母親は、父親（と自分）とは異なる「コース」を歩んでいる存在であり、そのため劣等感も刺激されず、関わりを忌避する必然性も生じなかったのだろう。また、母親自身も精神的不調を経験したことがあったので、自分に対して理解を示してくれているとBさんは感じていたようだ。

以上から指摘できるのは、自分がひきこもっていることを相手が知っているかどうかは、Bさんにとってはそれほど問題ではなかったということだ。両親はともに彼がひきこもっていることを知っていたわけだが、父親と母親とでは関係性がだいぶ異なっている。この点について、もう少し詳しく見ていこう。

Bさんも、Aさんと同じように外出することができた。ただし、それは図書館やコンビニエンスストアなど「いわゆるコミュニケーション」を求められることがないような場に限られていた。つまりは個人として特定されることなく、〝店員―客〟とか〝職員―利用者〟といった類型的なやりとりだけですむようなところである。だが、Bさんは「家にいたってこと自体はそんなこもってたなとは思わない」という。これに続けて彼はこう語った。

こう、外に出ても何か、つまらないというのかなあ……出かけたりはするんだけど……何かねえ……周りの人が自分のこと何か見下してるように感じてたのね。実際そうだったかどうか知らないけど。［3―6］

ここでの「周りの人」とは家族や知人に限らず、たとえばモーターショーなどのイベントの受付スタッフなど、全く面識のない人まで含まれている。このことをBさんは「被害妄想」と表現している。

知らない人が向こうから来ても、何かその人にこう、いろんなことで責められるんじゃないかっていう被害妄想が……あった時期があったって言ったんだけど、ま、それの拡大版みたいな。だから、普通にこう歩いてても、こう、非難されてるような……妄想がね。［3―7］

こうしたことのために、Bさんは「人込みも苦手だった」そうだ。しかし、彼もまた、ただ歩いているだけで誰かの目にとまることはまずなさそうな「ノーマルな外見」の持ち主である。だが、それでもBさんは、道ですれ違うだけの人から「非難されてる」ように感じていた。Bさんは、こうした「当時の感覚」について、「ほかの誰でもなく自分が〔自分を〕肯定してない」という「葛藤」が「そういう形で出」たのではないかと説明してくれた。

ここからも、ひきこもっていることを他者が知っているかどうかは、Bさんにとって大して問題ではなかったことが読み取れる。何よりも重大だったのは、ほかならぬ彼自身が、自分の状態を肯定できないことだったと言える。したがってBさんの課題は、ひきこもっていることがスティグマとして立ち現れ、それをいっそう強く意識せざるをえないような場面をどのように回避するか、ということになる。このとき、どのようなところに出て行くか、誰と会うかということではなく、どのようなやりとりがおこなわれるか、ということが極めて大きな意味をもってくる。Bさんの次の語りは、この点を端的に示している。

聞かれる、あるいは聞かれるような気がする。たとえばそれは親でもいいけど、何で働かないんだ、とかさ。それは友達だったりしてもいいんだけど。それに触れられたくないから、外に出ないでどんどんどんどんずるずるって下がっていって。［3―8］

この語りによれば、Bさんが忌避していたのは、自らを望ましくないものとして意識させるようなはたらきかけ――たとえば「何で働かないんだ」という問いかけ――であって、相手の存在そのものではない。たとえば斎藤環は、ひきこもっている状態から抜け出しにくくさせているのは親による説教や叱咤激励などの一方向的なコミュニケーションだと述べている[19]。だが、Bさんの語りを踏まえれば、親だから双方向的なコミュニケーションが成立しないのではない。相手が誰なのか、ということはそれほど問題ではない。親であろうと友人であろうと、精神的苦痛を助長するようなはたらきかけをしてくるということのほうが、Bさんにとってはより本質的な問題なのである。

以上から、対人関係と行動範囲を規定する二つ目の要因は明らかだろう。すなわち、自らの抱える「信頼を失う事情」をスティグマとして強く意識させられるようなはたらきかけがおこなわれるかどうか、ということである。

ところで、こうしたはたらきかけの代表格が、Bさんが挙げたような「何で働かないんだ」という質問である。別の場面でも同じようなことが語られている。「この時期、何がつらかった？」と尋ねると、Bさんは少し考えた後で次のように答えた。

B：まあ、いちばんいやだったのは、これからどうすんのって言われるのがいちばんいやだった。

I：でも別に誰かに言われたわけじゃ、

B：言われたわけじゃないんだけど、でも、じゃ、たとえばたまに友達から電話かかってきて、とったりしたら、ところでいま何してんの？って言われるような気がしたのね。たぶん〔そういうことがあったら〕言われたと思うんだけど。……で、有効にちゃんと明確な説明ができない、から……あ、やだな……［3―9］

このように〝いま何をやっているのか〟という問いかけに対して、強烈な苦手意識をもっている当事者は非常に多い。工藤定次も同様のことを指摘し、「何もしていない自分に対する後ろめたさやコンプレックスがあるから、そこから逃げざるを得ないのだ」(20)と述べている。だが、そうした質問に対して、たとえば〝体調を崩して休職している〟とか〝資格試験の勉強をしている〟といったことを、一言でも言えていたらどうだろうか。インタビューでもこういった質問をしてみたことがあるのだが、これに対してDさんからは、「何やってんの？って聞かれて、いや、遊んでるよって（笑）、そういうふうに言えちゃうような人だったらひきこもってないんじゃないかな」［3―10］という答えが返ってきた。この語りは極めて示唆的である。

斎藤環もまた、同じようなことについて「二面性の使い分けができない」という興味深い指摘をおこなっている。「ひきこもっている人たちがアルバイトを探す時、特徴的なのは、まず自分の過去を包み隠さず全部話そうとすることです。（略）「五年フリーターをしていた」「自営業を手伝っていた」とでも嘘をつけばいいのに、嘘がつけないんですね[21]」と斎藤は述べる。「嘘」をつき通すことができれば、それは相手にとっては「嘘」ではない。「パフォーマンスが首尾一貫したものとして完遂されさえすれば」そこで呈示する自己がたとえ「偽り」であったとしても、少なくともその場をやり過ごすことだけはできる[22]。

以上から、当事者はうまくパッシングすることができないからこそ、他者との関わりを忌避せざるをえなかった、と考えることもできるだろう。こうした場合、可能なパッシングの手立ては一つしかない。すなわち、「他者が彼に関してもっている生活誌に自分の不面目が記入されることになる大抵の接触を断つ[23]」のである。戦略的に振る舞うことができないのであれば、そもそも個人として特定されるような状況や、右のような問いかけがおこなわれうるような状況全てを回避し、ひきこもっていることがスティグマとして顕在化する可能性を最小限に抑えるほかないのである。

4　自己防衛戦略としての「ひきこもり」

以上、当事者がどのようにひきこもっていくのか（そしてひきこもり続けるのか）ということを見てきた。ここからは、他者の否定的反応に晒されることを徹底して回避することにより、精神的葛藤を最小限に抑えておこうとする当事者なりの戦略として、ひきこもるという行為を理解できる。

次に引用するBさんの文章は、この解釈を裏づけてくれる。かつて、テレビ朝日系のニュース番組での「ひきこもりはぜいたくだ」という発言が問題になったことがある。そのときBさんは番組に宛てて、次のような抗議文を送ったという。

ひきこもっている本人は（略）何とかこの状態から脱却したいと思っています。でもどうしたらいいかわからないし、これ以上傷つかないために、仕方なくひきこもり続けているのです。［3—11］

ただし他方で、この戦略の合理性は短期的なものであり、長期的に見れば非合理な事態を帰結することもある。つまり、パッシングすることで一時的には精神的安定が得られたとしても、結局〈社会参加〉からは遠のくことになるため、よりいっそう葛藤が深まるのである。ここには、さまざまな論者が指摘してきた「ひきこもり」特有の悪循環過程が見出される。

さらには当事者自身も、こうした非合理性を半ば自覚しているような印象を受けている。たとえばAさんは、大学の「学生相談センター」に「行きゃいいっていうのはわかってたんですが、行くことはできなかった」そうだ。なぜなら「それは、行くと、それで自分に問題があることを自分で認めることになるから」である。これはもう「虫歯と同じでね、ほっといてもちっとも治らない」と、Aさんは語る［3—12］。だが、それでもなお彼／彼女らは「仕方なくひきこもり続けている」のだ。こうしたことからは、当事者の切迫感がひしひしと伝わってくる。

第三者による介入が必要だという援助者の主張も、基本的にはこうした当事者の苦しみに根拠を置いている。しかし、だからといって、彼／彼女らをひきこもっている状態から、ただ引っぱり出せばいいというものではない。その前に、彼／彼女らを追い詰めているものを、改めて考えてみる必要がある。彼／彼女らは、一体何によって追い詰められているのだろうか。

社会のなかで果たすべき役割を果たしていないこと、これも一つの答えだ。確かに、そのことによって彼／彼女らは自己否定感を深め、他者との関わりを忌避している。だが、それを果たしていなくとも、他者とのやりとりが可能な場合もあることは、すでに見たとおりである。つまり、彼／彼女らを追い詰めているのは、ひきこもっていること自体ではない。そのことを否定する他者のまなざし、そして当事者自身のまなざしである。そのようなまなざしが喚起する精神的苦痛から、彼／彼女らは己を守ろうとしているのではないか。言うなれば、彼／彼女らは「ひきこもり」を白眼視する社会によってひきこもらされているのではないか。

したがって、「ひきこもり」を解決しようとするならば、ひきこもっている当人にだけアプローチするのでは、全く不十分である。「ひきこもり」を否認する社会の側にも、はたらきかけていかなければならない。「ひきこもり」に対して批判的な人々は、〝ひきこもっているのは甘えているだけだ。早く社会に出ろ〟と声を荒げる前に、その自分の声こそがひきこもっている状態を助長していることに気づくべきだ。もちろん、そうした声を完全になくすことは不可能だろうし、当事者の自己批判を和らげることも容易ではないだろう。まずは、ひきこもる（ひきこもり続ける）ことには、あるいはそこから抜け出すのが難しいことには、それだけの〝何か〟があるのだという認識を広めていくことから始めるしかない。その〝何か〟を明らかにしていくこと、これが次章以降の課題である。

注

（1）治療・援助の現場で、ひきこもり始めた原因を特定することは避けられる傾向にあるようだ。斎藤環は原因にこだわることが不毛な「犯人探し」となる危険性を指摘しており（前掲『「ひきこもり」救出マニュアル』一三二ページ）、また原因の特定は「いまのひきこもり状態を抜け出すにはあまり役に立たないことが多い」（前掲『ひきこもり文化論』八三ページ）とも述べている。この見解は厚生労働省による対応のガイドラインでも採用されている（四ページ）。だが、治療・援助をおこなううえで個々の当事者への理解は不可欠であり、この観点からすれば各自の語る原因に目を向けることは決して無意味ではない。

（2）前掲『「ひきこもり」救出マニュアル』五八ページ

（3）インタビューからの引用文中の〔　〕は引用者の補足、アルファベットは調査協力者（Ｉは筆者）、（空白）は聞き取ることができなかった部分、…は一秒程度の空白、＊＊などの記号は地名や人名などの固有名詞、である。

（4）前掲『ひきこもり』二七ページ

（5）狩野力八郎「まえがき」、狩野力八郎／近藤直司編著『青年のひきこもり』所収、岩崎学術出版社、二〇〇一年、四ページ

（6）前掲『脱！ひきこもり』三一ページ

（7）アーヴィング・ゴフマン『スティグマの社会学――烙印を押されたアイデンティティ』石黒毅訳、せりか書房、一九八〇年、一二〇―一四九ページ
（8）同書一二ページ
（9）一九七三年生まれの男性。二〇〇一年七月十八日、〇三年六月二十八日、〇四年三月二十六日、〇六年三月二十四日に実施。両親と弟が二人の五人家族。
（10）前掲『「ひきこもり」救出マニュアル』三二ページ
（11）Erving Goffman, *Relations in Public: Microstudies of the Public Order*, Basic Books, 1971, p.236.
（12）前掲『スティグマの社会学』一一三ページ
（13）一九七六年生まれの男性。二〇〇一年八月六日に実施。両親・祖母・弟の五人家族。
（14）永井良和「都市の「匿名性」と逸脱行動――隠蔽と発見の可能性」、ソシオロジ編集委員会編「ソシオロジ」第三十巻三号、社会学研究会、一九八六年、八一ページ
（15）隠しておきたい情報を意図的に操作し、生活誌的匿名性をコントロールしていた事例については、以下を参照。石川良子「パッシングとしての〈ひきこもり〉」、ソシオロジ編集委員会編「ソシオロジ」第四十八巻二号、社会学研究会、二〇〇三年
（16）前掲『スティグマの社会学』七四ページ
（17）同書一二二ページ
（18）一九七五年生まれ。二〇〇一年三月二十七日、同年七月六日、〇三年五月二十四日に実施。両親との三人家族。
（19）前掲『「ひきこもり」救出マニュアル』七三ページ
（20）前掲『脱！ひきこもり』三二ページ

(21) 北山修／斎藤環／渡辺健／武藤清栄「座談会・ひきこもりについて」、前掲「現代のエスプリ　ひきこもり」一九ページ

(22) 安川一「相互行為の演技と儀礼――ゴッフマンの初期著作を素材として」「亜細亜大学経済学紀要」第十三巻一号、亜細亜大学経済学会、一九八八年、七二ページ

(23) 前掲『スティグマの社会学』一六二―一六三ページ

第４章　自己を語るための語彙の喪失としての「ひきこもり」

1　〝対人関係の獲得〟以後のきつさ

いつの頃からか、一部の当事者が自分のことを説明する際に、「状態としての「ひきこもり」は終わった」という独特の言い回しを用いるのを、たびたび耳にするようになった。ここで言う「状態」とは、〝家族以外の他者との交流をもたない状態〟のことであるらしい。「状態としての」という限定からは、対人関係を取り戻しただけでは「ひきこもり」から〈回復〉したと言い切ることができない、そんな当事者の微妙な心情が伝わってくる。まず、この点をBさんの語りから確認しておこう。

Bさんに初めてインタビューをおこなったのは、彼が自助グループに参加するようになってから約二年後である。そのとき「いま、自分はひきこもり、ですか？」という私からの質問に対して、Bさんは即座に「ノー」と返答した。そこで「じゃあ、あなたはいま何ですかって聞かれたら何て答えますか?」と続けて尋ねると、Bさんは「便宜的にひきこもり経験者」と答え、さらに「当事者」と「経験者」と「OB」という三つのカテゴリーを使って、自分の立ち位置を説明してくれた。それから約四カ月後におこなったインタビューで、その区別について改めて説明を求めたところ、Bさんはこう語った。

当事者がいてOBがいて、その間に経験者がいるのかなっていうすごい強引な括り方してるんだけど。別にずっと〔自宅や自室に〕こもってるわけでもないし、外にも出るし、友達もいるし、人間関係もあるし、っていうことを、っていう自分の状態を見たときに、おれひきこもりか?っていうさ。うん。いや、どう考えても違うだろうと。ってことは当事者でもないだろうと。かといって完全に抜け出した人でもないから、じゃあ、中間〔経験者〕かなって。[4―1]

いまの「自分の状態を見たときに」、それを「ひきこもり」と呼ぶのは「どう考えても違う」が、だからといって「完全に抜け出した人でもない」。このようなどっちつかずの位置を表すため、Bさんは「経験者」というカテゴリーを用いている。何をもって「完全に抜け出した」と言えるかは別として、この語りからは、Bさんにとって〝対人関係の獲得〟は〈回復〉と呼ぶには不十分なことがわかる。

従来〝対人関係の獲得〟が〈回復目標〉の一つとして位置づいてきたことは、繰り返し述べたとおりである。「ひきこもり」治療の第一人者と目される斎藤環は、「治療のゴール」を「親密な対人関係を複数持つこと」[1]に設定している。しかし、この斎藤が掲げる「ゴール」は、当事者が「ゴール」だと実感できる地点とは必ずしも一致しない。私は何度か「人と関わるようになってからのほうが、ある意味きつい」といった当事者の発言に出会ってきた。〝対人関係の獲得〟という〈回復目標〉がクリアされたからといって、彼／彼女らのきつさが消えてなくなるわけでは当然ないのだ。「ひきこもり」からの〈回復〉が何なのかということと、「ひきこもり」とは何であるかということは、表裏の関係にある。したがって、当事者からすれば〝対人関係の獲得〟が〈回復〉として十分に感受されないということは、彼／彼女らにとって「ひきこもり」とは、一般にそうされているように〝対人関係の欠如〟を中核として定義づけられるようなものではないと考えることができる。そこで、従来とは異なる「ひきこもり」像を描き出す必要がある。そのために以下では、〝対人関係の獲得〟のための第一歩とも言うべきコミュニティへの参与が、どのように意味づけられているのか検討したい。その意味は、大きく二つある。順に検討していこう。

2　コミュニティに参与することの意味

一つ目の意味——共感的理解が可能な社会関係の獲得

調査協力者の多くは、コミュニティに参与して「居場所」を得られたような安心感を覚えたと語っていた。こうした感覚を最もストレートに語ったのがCさんである。[2]

Cさんがひきこもった直接のきっかけは、中学・高校と続いたいじめである。中学校に入学してすぐ、Cさんは同級生にいじめられるようになった。自分が標的にされた理由は、よくわからないようだ。入学式で整列したときに、「後ろの方からこづかれたり、したのね。だけど、まあ、全然違う小学校から来た人だから、知らない人なんだけど、なぜかこづかれたりして。それが始まり」だという。当初ちょっかいを出してくるのは一部だけだったが、そのうち「クラスの多くの男子がやってくるようになってきて……で、小学校時代の友達もそっち側に回っ」てしまった。それからは、廊下を歩いていても「跳び蹴りが飛んでくる」ような毎日が続いた［4―2］。

やがてCさんは学校を休みがちになっていったが、完全に行かなくなったわけではなく、「不登校ぎみではあったけど何とか行って」いたそうだ。中学二年生のときは比較的「平穏」で、「友達もそれなりにできた」という。また、Cさんはもともと勉強ができないほうではなかったが、欠席が増えたために成績が低下し、志望していた高校に進むことはできなかった。しかも、運の悪いことに、いじめの中心メンバーだった同級生と一緒になってしまい、高校に入ってからもいじめられ続けた。さらに「これがいちばんショックっつーか……すごくいやなことなんだけど」、その同級生は「小学校時代に親しかったやつ」なのだという。

こうして、中学校を卒業してもCさんへのいじめは続いた。そのうち欠席することのほうが多くなり、出席日数不足のために留年をすることになった。留年したときのクラスは「悪くない感じ」だったが、一人だけ一年生を二回やっていることがどうしても気になり、また心理的にも「混乱しきっていた」ため、「もう、疲れちゃって、限界だってなっちゃって」、とうとうCさんは高校を中退した。その引き金となったのは、「こんなに来ないなら、辞めちゃえば？」という担任の一言だった。それを聞いて「ショックで、ひどいと思った」が、それ以上に「解放感」のほうが大きく、中退を決めて「せいせい」するところもあったそうだ。それからCさんは、ほとんど外出もせずに約七年を過ごした。

なお、Cさんは遅くに生まれた子どもで、両親に非常にかわいがられて育ち、いまでも仲がいいという。それでも、いじめのことは両親に相談しなかったそうだが、高校を中退したときに両親が「こもらせてくれなかったら、自殺してたかもしれない」とCさんは語っている［4―3］。この言葉からは、当時Cさんがどれほど追い詰められていたのか伝わってくる。初めてインタビューしたとき、Cさんは次のように語った。誰でもひきこもる可能性はあると思うが、それでも道が二つに分かれてしまうことがある、そして、それを分かつのは人間への「絶望」である、と［4―4］。

ひきこもった当初は精神的に消耗しきっていたため、「人と会わないっていうのが、……うん、やっぱり…すごく心地よかったっすね……それに尽き」たという。しかし、二、三年たった頃に、高校中退者ばかりが集まっている学校のことをテレビで知ったことから、再び人とのつながりに目が向くようになったようだ。そして、それと同時に「不安定感」が徐々に生じてきたという。以下は、その「不安定感」について語った部分だ。

C：何だろう、自分の居場所が、家、家っていう居場所はあるんだけど、社会のなかの、自分の居場所がない感覚って言ったらいいのかな…だから、つまり、社会から、もう、外れちゃってるって感覚、孤独感、疎外感…が、不安定になっちゃう。

(沈黙)

I：ちゃんと自分はいるはずなんだけど…居場所がないからまるでいない人のような。

C：そうそうそう。誰も自分のこと知らない。だから、よく思ってたのが、いま自分が死んだら誰も悲しまないだろうなっていうのは悲しいなーって。[4―5]

その「不安定感」は「居場所がない」ことによって生じたものだった。「いま自分が死んだら誰も悲しまないだろう」という語りは、当時の「孤独感、疎外感」を象徴していると言えよう。ただし、ここでの「居場所」とは、「家」のような具体的な場所を意味しているわけではない。それは「社会のなかの自分の居場所」という、より抽象的なものである。Cさんは私の言葉を受けて、「居場所」がないことと「誰も自分のこと〔を〕知らない」ことを重ね合わせている。ここからは、他者との関係性そのものを「居場所」として捉えていることが読み取れる。このことは、次の語りでより明確に表現されている。

Cさんは二十歳を過ぎた頃から、日が落ちた後に出歩くようになったそうだ。(3) しかし、それは自分が本当に望む形での外出ではなかったという。

それは、自分にとっては、外に出てるっていう感覚じゃ、やっぱりないんだよね。だから、つまり、何だろう…………（略）外に出て行くっていうのは………自分の居場所に出て行くっていうことなのかなあ……（略）一人で出て行くっていうのは確かに外に出ているってことなんだけど………その、その本当の意味での自分が外に出たいっていう意味での、外に出るっていうのとはやっぱり違うっていう感覚が…あったろうね。（沈黙）つまり、自分を知っている人たちのところに出て行きたいって言ったらいいのかな。［4―6］

Cさんにとって「外に出て行く」ことは「自分の居場所に出て行く」ということであり、それはまた「自分を知っている人たちのところに出て行」くということであった。これこそが「本当の意味での自分が外に出たいっていう意味での、外に出る」ことだと、Cさんは語る。このことからも、Cさんが「自分を知っている人たち」との関係性それ自体を「居場所」として捉えていることが読み取れる。

ただし、自分を知る他者との関係全てが、Cさんにとって「居場所」になったわけではなかった。高校を中退して十年近くがたった頃から、Cさんは「居場所」を求めていくつかの集まりに顔を出すようになったという。しかし、「ひきこもり」の自助グループに出会うまでは、どこに行っても「ちょっと何か違う」という感覚が拭えなかったそうだ。

二十代半ばを迎えた頃、Cさんは親のすすめで保健所を訪ねた。当時（一九九〇年代半ば）は「ひきこもり」のための支援体制が全く整備されていなかったため、ひとまず障害者のための作業所に通うことになった。それと並行して作業所の隣にあった不登校児のたまり場に顔を出すようになり、次いで通信制高校に通う若者の集まりにも参加し始めた。そちらは、不登校児のたまり場と比べれば年齢の近い人々が集まっており、「少なくともいままで〔不登校児の集まり〕よりは、自分の居場所になりうるかなーっていう感覚」をもったそうだ。それでも「漠然と、やっぱり自分と同じように、長い間こもっていた人はいないかな」という思いがあったため、十分になじむことはできなかったという。

しかし、その会に参加していたとき、後にグループRの母体となった自助グループのチラシをもらい、Cさんは「これこそ自分の行くべきところでは」ないかと直感した。そのチラシのどの部分が特に印象に残っているか尋ねると、Cさんは当時の記憶をたぐり寄せながら、次のように語った。

＊＊さん〔グループの世話人〕の、あの、そのー…そうだそうだ。＊＊さんの、あの、経歴っつーか、その書いてあって、十七年間こもってたっていうのが書いてあって、それ見て、もう、おれより上手《うわて》がいる（笑）。そうそうそう、それが、すごい大きかったんだ。こんな人がいるんだ。〔ひきこもっていた期間が〕七年間のおれより上がいるんだっていうので、すげー、悪いんだけど安心しちゃって。［4―7］

Cさんは、自分と同じように、それどころか自分よりも長期間「こもってた」経験をもつ人がいることを知って、非常に「安心しちゃっ」たという。そして、Cさんは「即日」世話人に電話をかけ、参加を申し込んだ。この話を聞いて、私が「おお、すごい行動力」と驚きを表現すると、Cさんは「そうそうそう、すごいでしょ？　自分でもびっくりだったんだけど。だから、それくらい求めてたのかなあとかってちょっと……後から思って」と答えた。

こうして彼は、「長い間こもっていた人と」「語らいができるっていう期待感」を胸に、「ひきこもり」の自助グループへ参加することになった。そこで「何か印象的な発言とか、出来事とかっていうのはありました？」と尋ねてみたところ、Cさんからは、「こんなことしているのは、自分、自分一人だと思っていた」というのが「いちばん印象に残って」いて、「みんな、やっぱりそう思ってたんだなあって、これでもう、やっぱり安心し」た、という答えが返ってきた〔4―8〕。おそらく、Cさんが感じていた「孤独感、疎外感」は、「誰も自分のこと〔を〕知らない」ということ以上に、「こんなことしているのは、自分、自分一人だ」という思いによって深められていたのだろう。その自助グループで「長い間こもっていた人」と出会い、ようやく「自分の居場所」にめぐりあえたことを実感できたそうだ。

以上から、Cさんにとって「居場所」とは、さまざまな感情や経験を共有できる他者とのつながりを意味していると解釈できる。おそらく斎藤が言うところの「親密な対人関係」は、こうした関係と重なるものだろう。ここまで示したことは、従来の議論をはみ出すようなものではない。では、そこで十分に論じられていなかった「ひきこもり」の側面とはどのようなものだろうか。次項では、これを見ていく。

二つ目の意味——自己を語るための語彙の獲得

コミュニティへの参与が、相互に共感し合える仲間と出会うチャンスであることは間違いない。では、そもそもコミュニティへの参与は、どのようにして可能になるのだろうか。本項では、このことから考えたい。

調査協力者のほとんどは、自助グループへの参加経験をもつ人ばかりである。岡知史によれば、自助グループとは「同じ体験を持つ人」が集い、「気持ち」や「情報」や「考え方」を「わかちあう」ための場である。[4] 確かに彼／彼女らの語る「体験」には、〝家族以外の対人関係の長期にわたる欠如〟という共通項がある。ただし、その内実として語られることは実に多様であり、それどころか、そうした「体験」をもたない参加者もいるそうだ。このことは、自助グループの参加者が、必ずしも「同じ体験」を媒介として「わかちあい」の場を共有している人々ではないことを示唆している。では、彼／彼女らを結びつけているものとは一体何なのか。

まず、以下のBさんとのやりとりから考えていこう。「こんなことやってるのは自分だけかと思ったってよく言う」けれども、あなたの場合はどうだったか、という私の質問から始まったものである。

B：あの、…うーん、まあ、確率的にいったら自分だけじゃないとは思ってたけど……極めて、少数派というか、うん…ま、〔ひきこもることは〕社会的にあまり許されない…ことで、こういうことしてる人は、決して多くはない、とは思ってた。……いないとは思わなかったけど…

I：じゃあ、（　　）ってびっくり？

B：いや、こんなにポピュラーだとは思わなかった。うん…名前が与えられるほど…ポピュラーだとは思ってなかったし、うん…名前を与えられたということは、そういう人が、まあ、たくさん、たくさんてか、百万かどうか知らんけど、かなりの人数の人がいると…それで安心はしたよね。…所属するところが、まあ、変な所属の場所だけど。［4―9］

「名前を与えられたということ」は、それに該当する不特定多数の人がいるということだ。だから、たとえ「変な所属の場所」であってもないよりはましなので「安心はした」とBさんは語る。これは先ほど引用した、「こんなことしているのは、自分、自分一人だと思っていた」ので同じように「長い間こもっていた人」と出会って安心した、というBさんの語りに通じる。(5)

ピーター・バーガーは、「具体的で、主観的に特異な経験」に「名前」を与えるということは、それを「私にとってだけでなく、私の周りの人びとにとっても意味をもつ、広範なカテゴリーのなかに含ませること」にほかならず、その経験は「当のカテゴリーに該当する人であれば、だれによっても反復されうる」ものとして匿名化されることを指摘している。そうして「私」の経験は「私たち」の経験になるのである。(6)

つまり、自助グループに参加するためには、それに先立って自らを「ひきこもり」の当事者と自己定義することが必要になる。この観点からすれば、自助グループの参加者たちを結びつけているものとは、「ひきこもり」という語彙だということになる。では、「ひきこもり」という語彙を使って自己定義するという経験は、当事者によってどのように語られているのか。これを検討することで、〝対人関係の欠如〟とは異なる観点から「ひきこもり」を理解する糸口が見えてくるだろう。

3 自己を語るための語彙の喪失としての「ひきこもり」

ここではAさんの語りを検討しよう。Aさんは「うそ通学」（[3―1]を参照）を続けていた約三年間は、大学に行けていないことが親に「いつばれるか」と「びくびく」しながら過ごしていた。その心理的負担は非常に大きかったが、それでも「うそ通学」をやめることはできなかったという。その理由は、「居場所のなさっていう感覚は大きかったですか？」という、私からの質問に対する答えのなかで語られた。

A：大きかったですね。どこにも帰属していないというのが。その、ずっとひきこもってたときはね。（略）

I：やっぱり居場所がないっていうのは不安定になりますよね。

A：はい。…そのとおりです。僕は三回も留年して、うそ通学してまで大学生の立場にこだわったのもそこだと思うんですね。…もう本当に、いばらのロープにしがみつくような感じで。

本当はしがみつけばしがみつくほど傷つくんですけれども、それでも、離すと、離すと死んでしまうんじゃないかと…離すことはできない、そういう感じでしたから。［４―10］

それが「いばらのロープ」で「しがみつけばしがみつくほど傷つく」とわかってはいたが、「大学生の立場」を手放すことはできなかった。そうＡさんは語る。だからこそ、彼は三年近くも「うそ通学」を続けたのだろう。

「うそ通学」が三年目を迎えた年、大学から放校処分を下されそうになったため、Ａさんはやむなく退学することになった。それから数カ月後、Ａさんは斎藤環のウェブサイトで初めて「ひきこもり」のことを知り、早速彼の著書を購入した。そのときのことを、Ａさんは次のように語る。

そのときは本当にお先真っ暗っていう感じだったんですよ。で、一応大学辞めて気が楽になったものの、（略）どうなるんだろうと、どうしようと思ったんですが。それまではまだ学生という肩書があったんです。嘘でも何でも。ところが全くそういうのがなくなったわけですね。何者でもない。まあ、無職ですね。それが非常に不安だったんですが、それが、まあ、本が本当に光明に見えたんですね。あ、これをつかまなきゃいけないと。だから、うん、だから、それを読んでから一気に進みましたね。『社会的ひきこもり』って本を読んだとき。［４―11］

大学を辞めて親に隠しごとをする必要がなくなり、一方では「気が楽になったものの」、他方では「本当にお先真っ暗っていう感じだった」とAさんは語っている。なぜなら、「学生という肩書」を失い、自分が「何者でもない」ということが「非常に不安だった」からだ。Aさんが「ひきこもり」を知ったのは、そんなときだった。Aさんには斎藤の著書が「光明に見えた」という。それは、失ってしまった「肩書」に代わるものとして、「ひきこもり」という言葉を受け止めたことを表しているのではないだろうか。先ほどのBさんの語り（［4―9］）からも、これと同じような感覚を読み取れる。

「肩書」とは、その人の所属先だけではなく、その人が何者であるのかを端的に示すものである。言うなれば、当事者にとって「ひきこもり」という言葉は、単に〝家族以外の他者との交流が長期にわたって失われている状態〟を指し示すための概念ではなく、片桐雅隆が「自己の「語り」」と呼んだような「自己を位置づけ、語るための語彙」[7]になっている。以下ではこれを〝自己を語るための語彙〟と呼ぶ。引き続き、当事者が「ひきこもり」という言葉をどのように受け止めたのかを見ていこう。ここでは、「ひきこもり」という言葉を知って「うれしい」と感じたという、Eさん[8]を紹介する。

Eさんは、中高一貫の私立校に入学してから「楽しんでる人たちの輪に入りたいんだけど、入れないでどっか冷めた目で見てるっていう感じ」になり、やがて「何となく息苦しいっていうか学校に行くのがつらくなってきちゃって」徐々に欠席日数が増えていった。小学校までは「みんなと仲良くできてた」そうだが、中学生になってからは「すごい仲のいい特定の人とは仲良くできるんだけど、そうじゃない人は表面的にもなかなか付き合えなくて、話とかも全然できなくなっちゃっ」

たという。このことには、「おとなしいグループ」のなかに入ってしまい、「周りの人からもすごい暗い人って思われてるんじゃないかな」と意識するようになったことが関連しているようだ。「もっとほかの人たちと仲良くしたいっていう気持ち」はあったが、もともと「人と話すの苦手だった」うえに「自分が相手からどう見られてるか」気にかかってしまい、周りとの距離はどんどん広がっていった［４―12］。

そして高校三年に進級するとき、出席日数が不足していたため留年するか通信制高校に編入するか二択を迫られたが、「留年は自分ではできないかな」と感じて通信制高校への編入を選んだ。二週間に一度のスクーリングの際は、唯一の相談相手だった友人に付き添ってもらうなどして、苦しみながらも卒業することができた。そのとき大学への進学が決まっていたが、そこへは一度も通学できないまま退学し、その後再び短大に入学したものの、やはり同じように退学した。それ以降は、五年ほど母親に「くっついて」毎日を過ごしたという。その時期のことを、彼女は「空白」と表現している［４―13］。

さて、Ｅさんは斎藤環が出演していたテレビ番組を見て、自分が「ひきこもり」だということに「気づい」たそうだ。正確な時期は特定できないが、Ｅさんがコミュニティに関わり始めた時期と、斎藤がテレビ出演していることを考え合わせると、二〇〇〇年前後のことだと思われる。そのときのことを、Ｅさんは次のように語っている。

Ｅ：初めてそれ〔斎藤が出演していたテレビ番組〕で自分がひきこもりだって知ったっていうか、

それまでは自分は怠け者なのかなっていうか、人とうまくできないだけで逃げてきちゃってるっていうか。友達はちゃんともう普通に学校生活送って普通に大学行ってってことをやってるのに、どうして自分は友達ができることができないんだろうって。すごい自分は怠け者っていうか、逃げてる、社会から逃げちゃってる、だめな人間なのかなってずっと思ってたんですけど、テレビをきっかけに、こういう人たちもいるんだってことに初めて気づいて、自分てひきこもりっていうものなんだって初めて気づいて…

I：抵抗とかはなかったんですか？

E：そうですね。すごいうれしかったっていうか、こういう…症状とかを見たときに、全く自分とあてはまって、抵抗というよりうれしかったっていうか、そういう人たちもいるんだなってわかって。［4―14］

この語りからは、Eさんは自らを貶めることなく自己について語ることを可能にするような語彙をもたなかったために、「怠け者」で「社会から逃げちゃってる、だめな人間」という否定的な自己像に甘んじるしかなかったことが読み取れる。Eさんは「ひきこもり」という言葉を、そうした自己像を書き換える可能性をもたらすものとして受け止めたのではないか。また、「そういう人たちもいるんだなってわかって」という部分からは、Bさん同様（［4―9］を参照）、「ひきこもり」という言葉の陰に、多くの仲間の存在を見たことがわかる。「すごいうれしかった」という語りは、こうしたことへの喜びを表していると言えるだろう。

このように、「ひきこもり」という言葉は、当事者に対しては新たな〝自己を語るための語彙〟となって否定的な自己定義を書き換える機会を提供する。しかも、すでに述べたように自分の直面している問題状況を「ひきこもり」と名づけることで「私」の経験は「私たち」の経験になり、同じく「ひきこもり」というラベルを引き受けた人々とのつながりをも得ることが可能になるのだ。それはまさしく、「社会のなかの居場所」を得る経験と表現するのがふさわしいだろう。

4　専門家言説の功罪

本節では以上の議論を踏まえて、次の二つの問いに答えたい。冒頭で述べた「親密な対人関係」を得た後も消えないという当事者のきつさとは、一体何に由来するものなのか。そして、このきつさが示す、「ひきこもり」を〝対人関係の欠如〟によって定義づける立場の限界とは、一体どのようなものか。まずは後者から答えていこう。

端的に言えば、その限界は〝共感的理解が可能な他者との関係性〟の喪失を指摘してはいるものの、いま一つ〝自己を語るための語彙〟の喪失を看過している点にある。そのため、斎藤をはじめとする「ひきこもり」を対人関係の問題とする立場の議論は、当事者にとって一時は救いとなりながらも、やがて彼／彼女らにきつさをもたらすものになっていくのだ。もう少し詳しく述べよう。「ひきこもり」というカテゴリーが社会的に用意されているからこそコミュニティが成立し、そこで多くの人々が出会うこともできる。しかし、ここには「ひきこもり」というカテゴリーを引き受けると同時に、そのカテゴリーから徐々に締め出されていくという矛盾した過程が見出される。つまり、自助グループなどに参加して対人関係を得ることは、〝自己を語るための語彙〟を失うことにつながっているのである。

Bさんも語るように、「外にも出るし、友達もいるし、人間関係もある」という状態は、対人関係の有無を基準とする立場からは、もはや「ひきこもり」とは呼べない（［4―1］を参照）。そうだとすれば自分ははたして何者なのか、という不安が再び頭をもたげてくることだろう。つまり、対人関係を得た後の当事者のきつさとは、ようやく手に入れた〝自己を語るための語彙〟を手放すことを余儀なくされ、再び何者でもない状態に投げ出されることによって生じていると考えられる。Bさんが［4―1］で「当事者」「経験者」「OB」というカテゴリーを使って自分の立ち位置を説明したのも、こうしたきつさに対処するための工夫と言える。

また前章では、〝いま何をやっているの？〟という質問に対して答えを用意できないことが当事者に多大な精神的苦痛を喚起し、それから逃れるために社会関係を忌避するようになることを見た（［3―8］［3―9］を参照）。ここから、〝自己を語るための語彙〟の喪失と〝対人関係の欠如〟とは背中合わせであることが理解できるだろう。〝共感的理解が可能な他者との関係性〟が失われていることだけが問題なのではない。〝自己を語るための語彙〟をもたないこともまた、それと同じくらい重大なのである。にもかかわらず「ひきこもり」を〝家族以外の他者との交流がない状態〟として定義することが、当事者にある種のきつさを与えていると考えられるのだ。

ただし、ここで問題にしたいのは定義をおこなうことの是非ではない。重要なのは、治療・援助の文脈でなされた発言が、当事者にとっては自己定義の資源になっているという点だ。(9) 専門家言説を参照して自分が何者なのか規定することで、彼／彼女らは深く安堵し（［4―9］［4―11］［4―14］を参照）、さらにはそこから問題状況に対処していく道筋を得ようとする（次章の［5―5］を参照）。「ひきこもり」の当事者は「肩書」という所属先によって規定されるアイデンティティをもたないため、自分が何者なのかを独力で規定することを余儀なくされている。しかも、彼／彼女らは社会からはじき出されてしまっているという感覚を強く抱いているだけに、この社会で権威を備えている専門家の言説に、より依拠しやすいのだろう。特に斎藤の治療論に至っては、もはや治療・援助のためのマニュアルの域を超えている。インタビューをはじめさまざまな場面で頻繁に彼の名前が挙がり、また冗談半分に自らを「環シンパ」と称し、「自己愛の肥大化」や「去勢」などの精神医学用語を使って自己分析を展開する人もいる。

ただし、斎藤はかなり自覚的に、精神医療が「ひきこもり」を扱う際に何をターゲットにするのがよいかという観点から議論を組み立てている。斎藤の治療論に限らず、あらゆる治療・援助論はあくまで「ひきこもり」の治療・援助という目的に資するものである。だが、当事者がそれを自己定義の資源として利用し、そこから人生の方向づけを得ようとしていることを明確に認識している論者は、それほど多くないのではないか。「ひきこもり」の定義を明確にすることで、治療・援助の方向性を明確にすることもある文脈では確かに大事だろう。しかし、それが別の文脈では、当事者から〝居場所〟を奪っていることにも目を向けなければならない。(10)

さて、本章を閉じる前に、これまでの議論に注釈を加えておきたい点が一つある。本節では、〝いま何をやっているの？〟という質問に対する回答をもたないがゆえにひきこもるようになる、ということを述べた。また前章第3節では、右の質問に対してその場しのぎでもいいから、たとえば〝休職中〟とか〝資格試験の準備中〟などと答えられさえすればいいというような書き方をした。しかし、このような議論は皮相的である。これでは、その場を切り抜けられるだけの「コミュニケーション能力」や「対人スキル」の不足こそが問題であるかのように受け取られかねない。しかし〝自己を語るための語彙〟の喪失というのは、そういった「能力」や「スキル」の不足ではなく、むしろ存在論的な安心に結びついているような「「未来の」感覚」(11)の欠如と関連させて理解したほうがいいものである。

ときに〝自己を語るための語彙〟は物語性をもち、(12)ナラティヴ（物語／物語ること）(13)は現在から遡及して過去を再構成するだけでなく、未来をも構成する。(14)そして、過去と未来が連続しているという感覚をもてるからこそ、その間のどこかに現在を位置づけられるのであり、また生きていくこともできる。逆に言えば、現在を位置づけられなければ、過去と未来も不確かにならざるをえない。したがって、〝いま何をやっているのか？〟という問いかけによる苦痛を和らげるためには、その場しのぎの答えを用意したり、適当にお茶を濁すことができる技術を身につけたりすればいいというものでは、決してない。過去と現在の間に生じた亀裂を埋め、未来を思い描けるようになること、これこそが求められる。〝自己を語るための語彙〟の喪失および獲得は、こうした観点から捉えなければならない。

では、「「未来の」感覚」とは具体的にはどのような感覚なのか。これに答える前に、次章からは、「ひきこもり」を〝自己を語るための語彙〟とすることで他者とのつながりを得た後の過程を描き出すことにしたい。

注

(1) 前掲『「ひきこもり」救出マニュアル』一二三ページ
(2) 一九七一年生まれの男性。二〇〇一年五月三十一日、〇六年十二月二十六日に実施。両親との三人家族。
(3) なぜなら「昼間ってのはみんな、活動、してるんだけど、自分は何も活動してないっていうのがすごく引け目になってて……で、やっぱり、みんな、そうみんな活動してるのに自分は何もしてないでただぶらぶら、外に出るっていうのは、やっぱりすごく罪悪感がある」からだ。
(4) 岡知史『セルフヘルプグループ——わかちあい・ひとりだち・ときはなち』星和書店、一九九九年
(5) ただし、ひきこもっていた最中から「ひきこもり」という言葉を知っていたという人もいる。この場合「ひきこもり」の当事者として自己定義することの意味は、本章で取り上げたような人とは異なるだろう。こうしたケースは、今後取り上げる予定である。
(6) ピーター・バーガー／トマス・ルックマン『日常世界の構成——アイデンティティと社会の弁証法』山口節郎訳、新曜社、一九七七年、六七ページ。強調は原文のまま。
(7) 片桐雅隆『自己と「語り」の社会学——構築主義的展開』世界思想社、二〇〇〇年

（8）一九七七年生まれの女性。二〇〇一年七月二十九日に実施。両親・祖母・妹の五人家族。

（9）人は社会に流通する諸言説を利用して自己について語るというアイデアについては以下を参照。James A.Holstein and Jaber F. Gubrium, *The Self We Live By: Narrative Identity in a Postmodern World*, Oxford University Press, 2000, Chap.5. また以下は、自己の首尾一貫性を打ち立てるのに専門家言説が利用されやすいことを論じている。Charlotte Linde, *Life Stories: The Creation of Coherence, Oxford University Press*, 1993, Chap.6. このほかアンソニー・ギデンズの「制度的再帰性」の概念も、ここでの議論の下敷きになっている（アンソニー・ギデンズ『近代とはいかなる時代か？——モダニティの帰結』松尾精文／小幡正敏訳、而立書房、一九九三年、ギデンズ『モダニティと自己アイデンティティ——後期近代における自己と社会』秋吉美都／安藤太郎／筒井淳也訳、ハーベスト社、二〇〇五年）。

（10）といっても、専門家言説を冷めた目で眺めている人も少なくない。ただし、そのように語るのは貪るようにして関連書籍を読んだ経験がある人のようだ。そこに〝答え〟を求めていたものの、結局何も得られなかったという経験が、専門家言説に対する距離を左右しているようだ。だが、その一方で「偽ヒキ論争」と呼ばれるような当事者間での差別や序列づけに、専門家言説が利用されていることも事実である。

（11）Anthony Giddens, *The Constitution of Society: Outline of the Theory of Structuration*, University of California Press, 1984, p.62.

（12）前掲『自己と「語り」の社会学』一〇二ページ

（13）野口裕二『物語としてのケア——ナラティヴ・アプローチの世界へ』医学書院、二〇〇二年、二〇—二二ページ

(14) シェリル・マッティングリーは、従来の物語論は主にナラティヴが過去と現在の間に一貫性を打ち立てることを可能にする点に関心を寄せてきたと指摘し、将来のありうる自己のイメージを形成し、未来へと導いていくナラティヴのはたらきを強調している。Cheryl Mattingly, *Healing dramas and clinical plots: The narrative structure of experience*, Cambridge University Press, 1998.

第5章　人生における危機／転機としての「ひきこもり」

1　ひきこもるという経験の二面性

前章では、〝対人関係の欠如〟によって「ひきこもり」を特徴づけようとする治療的立場の限界を明らかにし、〝自己を語るための語彙〟の喪失という視点を導入した。本章では、〝自己を語るための語彙〟として「ひきこもり」を取り入れた現在から、どのように過去と未来を（再）構成しているのか、これを描き出すことにしたい。本章では、大まかに「ひきこもり」の認知以前と以後に分けて当事者のライフストーリーを描いていくが、これは次のような議論に着想を得ている。

ライフストーリーが語られるとき、その後の人生を変えた決定的な出来事や経験、すなわち「転機」が核となること、そして「転機」は「これまで通用していた日常的な意味体系が瓦解する」[1]という危機と背中合わせになっていることを、桜井厚は指摘している。アーサー・フランクが論じている「病いの経験」[2]の「自己喪失」と「自己変容」という二つの側面[3]は、それぞれ桜井が言うところの「危機」と「転機」に対応するものと見なせる。
「病い」は「かつてその病む人の人生を導いていた「目的地や海図」を喪失」させ、「自分は人生のどの地点にありどこへ向かおうとしているのかという感覚」[4]を病者から奪うものである。重篤な病気を患うとは、昨日まで当たり前のようにできていたことが今日はできなくなるということであり、今日という現在の延長線上にある未来は、昨日までのそれとは全く異なったものに姿を変えてしまうということだ。こうして〝昨日まで健康だった私〟と同じようには生きられなくなること、これが「自己喪失」[5]である。この「自己喪失」は、自己は物語られることで形を与えられるという物語論的立場からすれば、自己物語の破綻として捉えられるだろう。[6]
このように「自己喪失」は危機的な状況だが、フランクはそれが「自己変容の特権的な契機」[7]となる可能性を見出している。再び人生や自己を有意味なものとして感受するために、人は新たな物語を必要とする。そして多くの場合、その物語には「自分は何者であったか」と、「これから何者になっていくのか」という語りの双方が含まれる。[8]つまり、「病い」とは「人生を想起するための機会」であると同時に、「それを通すことによって人生についての新たな認識が生み出されるレンズ」[9]のようなものであり、物語ることは「海図を描き直し、新しい目的地を見いだすための方法」[10]として位置づけられるのである。
さて、当事者にとってひきこもることは、まさに「自己喪失」という危機的状況への直面と言える。いままで会えていた人に会えなくなり、出かけられていたところに出かけられなくなる。そして、ひきこもる以前に思い描いていた人生は、もはや望むことができない。しかし以上の議論を踏まえると、ひきこもることは何かを失うばかりではなく、何かを得る経験としても見えてくる。そこで、本章では後者に重点を置いて、当事者の語りを読み解いていくことにしよう。以下では、「ひきこもり」を知る以前の危機的状況、そこから脱した契機、現在から振り返って見えてきた危機のあり様、それと同時並行的に生じつつある価値基盤の変容を順に見ていく。

2 危機

二〇〇一年におこなったインタビューの主要な目的の一つは、「ひきこもり」を知って自助グループに参加するようになる前の危機的状況について語ってもらうことだった。しかし、実際にインタビューをおこなってみて、当時の状況を詳しく語ることは、当事者にとってそれほど容易ではないことがわかった。

以下は、ひきこもっていた当時の心情についてBさんが言葉に詰まったとき、私が「そんなにわかりやすい言葉じゃなくてもいいし、感覚的な言葉で全然オーケーだし」と、言語化を求めた際のやりとりである。

B：うーん、とりあえずその、結構混乱してる状態だったから…どう混乱してたのかっていうそれを解きほぐすっていうのは結構…難しいといえば難しいんだけど。いや、別に〔話すことが」いやなわけじゃないんだけど。

I：ただ単にもう、混乱してた。

B：うん、ひたすらね。［5―1］

かつては「ひたすら」混乱していたため、それを現在から「解きほぐす」ことは「難しい」とBさんは語る。当時の混乱や孤独感、疎外感を、彼は「軌道を外れた人工衛星」になぞらえた。

あのさ、人工衛星ってさ、〔イラストを描いて〕ここに地球があったとしたらさ、ひまわりみたいなやつでもそうだけどさ、こう、同心円状に回ってるわけじゃない？　ところが、いったん軌道が外れて外に行っちゃうと、どんどんどんどん外に、で、もう、自力では、地球に戻るってことはできないじゃない？　どんどんどんどん離れてくわけだから。そういう感じ。［5―2］

「軌道を外れた人工衛星」がBさん自身であるならば、もとの「軌道」や「地球」には一体何が例えられているのだろうか。これを何とか明らかにしようと、私はやや躍起になって質問を繰り返した。

I：この地球は…あえて言うなら何だった。

B：あえて言うなら何だったんだろうねえ。
I：ねえ。
B：…何だろうね。…何でしょう…
I：こうなりたかった自分、とか？
B：そうだね…こうあるべき、もしくはこうなりたかった自分の姿。
I：なりたかった自分て、やっぱ就職して…
B：そうだね、それが、それ自体が明確じゃなかったから、…どうやってそこに辿り着けばいいかってのもわかんなかったし、…すごく、曖昧模糊としてたんだよね。この、当時の地球って。
I：なりたかったものは何かあったはずなんだけど、
B：はずなんだけど、何なのかもわかんないし、何なのかわかんないからどこにあるのかもわかんないし、どこにあるかわかんないからどうやって行けばいいかもわかんないし…わけわかんないじゃん。［5―3］

ここでBさんは私の問いかけに応じるだけで、自分から積極的に語ろうとはしていない。ただし、「こうあるべき、もしくはこうなりたかった自分の姿」を例えているのではないかという私の解釈に対して、「それ自体が明確じゃなかった」とか「曖昧模糊としてた」と答えたり、最後のところで「わかんない」と繰り返したりしていることからは、当時の混乱ぶりの一端がうかがわれる。

3　転機

引き続きBさんの語りを見ていこう。以上のような混乱を収め、秩序立った思考を可能にしたのは、「ひきこもり」という言葉を知って自らをその当事者と定義したことだった。Bさんが「ひきこもり」を知ったのは、ひきこもり始めてから二年ほどたったある日、たまたま手にした雑誌で特集が組まれていたためである。ただし、「最初はその記事が読みたくて買った」わけではないという。次の語りからは、そのときのBさんの様子が目に浮かぶ。

最初はその記事が読みたくて買ったんじゃないんだけど、くだらない話なんだけど、家のドライヤーが壊れて、親に買ってきてくれと言われて、お金渡されて、へいへいって感じで見に行って、買ったわけですよ。お金で、別に本なんか買うつもりじゃなかったんだけど、新しい本屋ができて、とかって見に行って、そしたら、普段は手にとったことなんかなかったんだけど、そこで、何かちょうど西武の松坂が、松坂とイチローの対決がどうたらとかタレントの日記がどうたらとかばっかで、そこから読み始めて、で、おもしろいじゃんとか思って何気なく買ったわけ。家に帰ったら何かひきこもりとかいう記事があって、だいぶ後になってから読んで、そんなひきこもりなんて単語は知らないんだけど、で、読んでると何か自分に重なる部分があったような……で、アンダーライン、ばばばばっと引いて……〔はっと気づいたように強めの調子で〕自分のことかも（笑）そこで。〔5―4〕

その記事を読んですぐのときは「何だこりゃ」「わ、ださー〔ださい〕」と感じたが、よくよく読んでいくうちに、自分のことが書いてあるような気がしてきたという。そこでBさんは関連書籍を「図書館に行ってまとめて借りて」きて、貪るように読み進めた。そして「いよいよこれかもしれない」という思いを強くし、「自分に重なる部分」を抜粋して「レジュメ」を作り上げたそうだ。

それまでBさんは「意地でも何とか、自分で自力で何とかしてやるんだ」と思っていたそうだが、その頃には「誰かに相談しなきゃ的な気持ちが強くなって、電話帳でカウンセリングのところとか探したりして、けど、どこがいいかわかんなくて動けないみたいな状態」にあった。そこで雑誌に紹介されていた病院に行くことを決めたが、すぐには行動に移せず、三週間ほど悩んだ末に決心がついたという。初診時にBさんは前述の「レジュメ」を主治医に渡し、二回目の診察のときに「程度は軽いけど、典型的な、そのひきこもり的みたいなことが書いてある」と言われた。それを聞いてBさんは非常に「安心」したという。

そこで、名前を与えられたことで、ま、どこにいるかわかったわけじゃない？　それで何か安心したんだよね。自分がどこにいるかっていうのがわかったから…自分の立ち位置さえわかれば、じゃあどこに向かっていけばいいかっていうのがおのずとわかってくるから、それまでは本当に…怠けなのか、病気なのか何かわかんない…ていう方向喪失状態だったから…それが一応、一区切りついたわけで、それで半分解決したんだ、あの時点で。［5―5］

それまでBさんは、激しい自己嫌悪や不安にさいなまれ、現状を把握できない「方向喪失状態」にあった。そんな彼にとって新たな「地図」とも「磁石」ともなったのが、「ひきこもり」という「名前」だった。「ひきこもり」という「名前を与えられたこと」によって「自分の立ち位置」を把握し、問題状況に対処していくことが可能になったのである。「それで半分解決した」とまでBさんは語っており、それ以前の混乱の深さが察せられる。

ほどなくしてBさんは診察と並行してカウンセリングを受け始め、「ひきこもり」のためのデイケア・グループや自助グループにも参加するようになっていった。その後はグループRの設立・運営に関わるなど、Bさんは当事者のなかでも積極的にコミュニティにコミットしている部類に入る。「ひきこもり」の認知を境に彼の状況は大きく変化し、彼自身このときのことを「転機」と表現している。

このように、〝自己を語るための語彙〟として「ひきこもり」を取り入れることで当事者が得るものは大きい。ただし、彼／彼女らが「ひきこもり」という言葉をポジティブなものとして受け止めているのかといえば、決してそうとはいえない。「ひきこもり」の当事者として自己定義し、そのような者としてコミュニティに関わるようになって精神的負担は軽減されたが、ひきこもる以前の友人に自分がそれであるとは明かせない、といったことをよく聞く。やはりBさんもそうだった。

通院するようになって数カ月たった頃、年賀状がきっかけになって、Bさんは大学時代の友人たちと連絡をとるようになった。しばらくしてみんなで会おうと誘われたとき、Bさんは「かなり勇気を出して」その誘いを受けた。自助グループやディケア・グループで「同じような悩みをもってる人」と一緒にいるのは楽だけれども、「ずーっとそこだけにいるわけにもいかない」という思いからだった。しかし「行く途中の電車で気持ち悪くなって、吐きそうになったり」するなど、その「ストレス」は相当なものだったようだ。

その時点でBさんが友人を遠ざけるようになってからは三、四年が経っており、その間に何をやっていたのかを、彼は友人に対して説明しなければならなかった。

B：そのときには、うつ病に近いものなんだけどって、まあ当時ひきこもりって言葉がポピュラーじゃなかったから、で、そういう言葉を使うのもやだったから、うん…そういう言い方をしたら、意外と、みんな、すんなりすっと…受け容れてくれるわけね。

I：なるほど。え、でも何でうつ病〔という表現は〕オーケーなんだけど、ひきこもりはだめっていうのは、何かポピュラーじゃなかったからっていう、

B：まあ、説明しても、何それってことになるだろうから、自分の状態をあまり赤裸々に言いたくなかったから、うつ病、のようなもの、みたいにオブラートに包んで、ちょっと、厳密には違うんだけど説明すると長くなるからみたいにちょっとごまかしぎみに…言ったんだよね。

［5―6］

このように、Bさんは「ひきこもり」という言葉を直接出さずに「ちょっとごまかしぎみに」話をした。その理由は、当時（おそらく一九九九年前後）はこの言葉が「ポピュラー」ではなく、また「そういう言葉を使うのもやだった」からだと説明している。このことからは、負のイメージが付与されているものとして、Bさんが「ひきこもり」という言葉を受け止めていることが読み取れる。

以上のように、社会的にはネガティブな評価を与えられていることを自覚しながら、なお「ひきこもり」を〝自己を語るための語彙〟として引き受けたこと自体が、当事者の直面していた状況の深刻さを物語っていると言えるだろう。

4　振り返って見えてきた危機

ここまで見てきたとおり、「ひきこもり」の当事者として自己定義することで、ひきこもる当人の状況は一変する。さらにコミュニティに参与し、同じように「ひきこもり」の当事者として自らを定義した人々の語りに触れることで、経験を秩序立てて語れるようになることが、次のEさんの語りからはわかる。

I：…昔からちゃんとこういうふうに〔整理して自分のことを〕話せてました？

E：いや、話せてなかったです。あんまりこういうことも、自分がどうしてこういうことになったかっていうのも考えてなかったかな…＊＊＊〔グループR〕とかに行きだして、いろんな人の話を聞くようになって、自分はどうだったのかなって。あのときはこうだったとか、そういう感じでちょっとずつちょっとずつ思えてきて。［5―7］

それでは、「ひきこもり」の当事者になった現在から振り返って、かつて彼／彼女らが晒されていた危機、すなわち第2節では言語化しえないものとされていた混乱は、一体どのように語られているのだろうか。引き続きEさんの語りを見ていこう。

Eさんは斎藤環が出演していたテレビ番組がきっかけで、「ひきこもり」を知った（［4―14］を参照）。それからすぐ母親に頼んで斎藤が紹介していた支援施設に電話をかけてもらい、そこで開かれていた集まりに参加することを決めた。といっても、実際に参加し始めるまでには三、四カ月かかり、そこになじむまでにも半年近くかかったそうだ。「自分が相手からどう見られてるか」を過剰に意識してしまうところはいまもあり（［4―12］を参照）、「会話が続かないのが自分が悪いから続かなくなっちゃったんだ、とか、そういうふうに自分を責め」ることがたびたびあるという［5―8］。しかし、個人的に遊びに行く仲間もできて「やっと自分が変わってきたかな」という感覚をつかめてきた、ともEさんは語った。そしてまた、右で見たように自分の経験を一歩引いて眺められるようになり、インタビューを引き受けてもいいと思えたそうだ。

「空白」の五年間（〔4―13〕を参照）でいちばんつらかったことを、彼女はこう語っている。

E：自分はやっぱり出たかったんで、どうにかして普通に…っていうか、大学行ったりとか働いたりとかしたかったんで、どうしたらいいかわからないでずっと悶々としてたんで…何かある意味きっかけっていうか、それ〔ひきこもり〕を知ったことが…。

I：そういう、こもってたときにいちばんきつかったのは…

E：やっぱり先が全く見えなかったことが。人ともうまくできないし、で、周りの友達がみんなどんどん大学に行って、短大の人はもう卒業して社会人になってっていう話をその友達〔唯一の相談相手〕から聞いたときに、やっぱり自分だけどんどんどんどん取り残されていっちゃって、でも自分は、何か自分が良くなっていくっていうあれもないし、本当に自分はどうなっちゃうだろうって…。そういう先が見えないのがいちばんつらかったですね。〔5―9〕

同じ学校に通っていた同級生が着実に人生を歩んでいるのに対して、「自分が良くなっていく」という展望を全くもてずに「自分だけがどんどんどん取り残されて」いくことが、Eさんにとっては何より「つらかった」という。ここで、最初は「どうにかして普通に」と言ったところを、すぐに「大学行ったりとか働いたりとかしたかった」と言い換えられていることに注目したい。ここから彼女にとっての危機とは、「普通」の生き方から外れてしまったこととして解釈できるだろう。

こうした周囲から取り残されていく感覚は、Aさんも経験したようだ。彼が「ひきこもり」を知ったのは、放校処分の間際で大学を退学して将来への不安が膨らむ一方だった頃である（[4—10]を参照）。斎藤環のウェブサイトで『社会的ひきこもり』の概要を読んで、Aさんは「僕のことが書いてある」と直感したそうだ。「ひきこもり」に対して若干の抵抗感はあったものの、自分の姿を「つきつけられ」て「観念したっていうのが正しい」と彼は語る。

Aさんにとっては、その著書のなかでも「同じ歳っていうキーワードが非常に印象的」だったそうだ。たとえばAさんは、母親が「僕の同じ学年の何々さんが結婚したわよ」といったことを「何の気なしに」言うのが、「すごいいやだった」という。そして「こんなのいやがるの僕くらいだろうなって思ってた」が、「同じ歳の、同級生がいや、とか。あとは同級生の結婚話がいや」ということが「ちゃんとそこに書いてあっ」たのである。これとは別のところでも、Aさんは「みんなと同じでなければならない」という意識にとらわれていたと繰り返し語っている［5—10］。つまり、「同じ歳」の人々と対比することによって「みんなと同じように」できていない自分が際立ち、そのことがAさんを傷つけていたのである。

当時のAさんにとって〝みんなと同じようにする〟とは、〝みんなと同じように大学を卒業して就職する〟ということを意味していた。これについては、「いま思う」ひきこもったきっかけとは何か、という質問への答えのなかで語られている。

いま思うとですね、まあ、考えられるのは、就職と卒論ですね。卒論……ま、それまで僕は自分で考えて自分で行き先を決めるということをしたことがなかったんですね。つまり、言ってみれば高校っていうのは学区がありますし、大学っていうのは、いやな言葉ですが、偏差値っていうのがありまして、それでだいたい決まっちゃうんですよね。つまり自分で判断して決めなくても、進めてしまったんですよ。ところが就職するとなると、あるいは卒論のテーマとなると、まさに自分で考えて自分で決めるしかない。いままでそれをやったことがないのに、いきなりそれを決めろと言われて、まあ、非常に困ったんです。［5―11］

大学までは「自分で判断して決めなくても、進めてしま」える制度が用意されていたが、卒業論文の執筆や就職活動はそうではない。大学を卒業してもみんなと同じように就職できるものだと思っていたために具体的な行動イメージを欠いたまま大学四年を迎え、卒業論文と就職活動を前にAさんは立ちすくんでしまったのだろう。彼がこのことに気づいたのは、「ひきこもり」の当事者になってからのことだった。どう気づいていったのかは次章で詳しく紹介することにして、ここでは、Aさんにとって学卒即就職という選択肢は、唯一絶対のものであったことを指摘したい。「別に就職しなくてもいいじゃない？とは思わなかった？」という質問を投げかけると、「そう思えてたら最初からひきこもりには、なってないですね」という答えが返ってきた［5―12］。

このことはBさんにも当てはまる。彼に「あるべき姿じゃなくてもいいんじゃない？とは思わなかった？」と投げかけたところ、彼は「発想がなかったね」と答えて、こう続けた。

だから、知らず知らずのうちに何かすごい、限定された考え方のなかに閉じ込められてたっていうか。（略）限定された価値観、だから、高校から、いい大学入って、何か、そっからいいかどうか知らんけど、…ま、就職してっていうコースだよね、いわゆる。…それを辿るもんだ、と、それ以外の選択肢が何かあるんだっていうのが全然ピンとこなかったっていうか。本当は実際コースはそれだけじゃないんだけど……と…知らない間にそういうふうに思い込んじゃったっていうか…［5―13］

ひきこもる以前、そしてひきこもった後も、自分が「限定された考え方のなかに閉じ込められてた」ことに、Bさんは全く気づいていなかった。ちなみにBさんが進学したのは父親が卒業したのと同じ大学で母親も短大を出ているため、「当然大学は行くもんだと、ま、すでに小学校の半ばくらいからもう、〔そういう感覚は〕あって、そういうもんだと思ってた」という。したがって、「もっとこういう違う選択肢ってのあるんだよっていうのを、小さいうちから、こう提示してくれてたら、こういうことにはならなかったんじゃないかと、思わなくはない」そうだ。しかし、「結局のところ自分の問題だからっていう意味」で、親のことは「突き放してるところがある」とのことだった。

ところで、Bさんは大学二年生のとき、突如として将来に対する強い不安に襲われたことがある。Bさんが在籍していた大学では二年生に進級する段階で学科を選択することになっていたが、彼の志望する学科は非常に人気が高かったので全く不本意な学科に進むことになった。そのため「このままやってても意味ないんじゃないか」と感じるようになり、大学を退学することも考えたそうだ。またBさんはスキーのサークルに所属していたが、その少し前に骨折していたため、そちらに専念することもできなかった。そうしてBさんは大学生活を送ることに意味を見出せなくなってしまったが、「いまの大学を辞めて、じゃ、どうするかっていうときに…何をしたらいいか、結局見つからなかった」ために退学することもできなかったという。思い起こせば、この頃から「何をしたらいいかわかんない」という混乱（［5―1］［5―3］を参照）が始まっていたのではないか、とBさんは当時を振り返った。

唐突に将来への不安を感じたのは（Bさん自身の表現に従えば、「異変」があったのは）、このような時期である。「雨の日に何か部屋でしてるときに突然それがきた」。それは「本当に雷が落ちてきたような」感じで、「不安」というよりは「怖かった」とBさんは語っている。ただし、その「恐怖感」はすぐに去り、そのときには「変なことがあったな」という程度で深く考えなかったそうだ。しかし、それから数年経って、Bさんはその出来事が「すごく大事なことだ」と「気づいた」という。そしていま、それを「イレギュラー」な出来事として片付け、その意味を追求しなかったことの「つけ」を払わされているのだとBさんは考えている。

これはちょっとイレギュラーだろうと思ったんだけど、で、後々振り返ってよく考えたら、うん、ほんとはその将来のこととかいうのはもっと中学とか高校とかそういうときから考えとくべきだったんだけど……全然考えないでいた、確かに。だから、大学まで推薦でとりあえず、まあ、そこそこ成績があれば行けるし、大学行くってところまでしか考えてなかったから、ここで何をするとか、その先どうするっていう、あの、概念が全然なくて、大学まで行くってしか、全然なかったから、確かにそのつけをきっと払わされてるんだろうなって思うけど。［5―14］

いまから思えば将来への不安は就職活動に挫折するずっと以前からあって、「真綿で」「締められていることにさえ気づかないくらいに」「じわじわと」追い詰められていた、ともBさんは語っている。このあとBさんの話は、高校三年生のとき大学に進学する際に迷いを感じたときにまで遡った。ただし、以上はあくまで遡及的に特定された「異変」であり、「限定された価値観」にとらわれていた当時は、決して気づけなかったものだと言えるだろう。

以上のように、かつて直面していた危機は、ひきこもる以前に（そしてひきこもった後も）自明視していたライフコースからの逸脱として語られている。そして、その危機は、それ以外の選択肢を想像さえできなかったために生じたと説明されている。こうした危機についての語りは、ひきこもったきっかけとして語られる出来事が何であったとしても、たとえば対人関係上のトラブルであれ、進路選択での行き詰まりであれ、ほとんど全てのインタビューで語られることである。それでは、そのように唯一絶対のライフコースにとらわれていた自己を対象化することが可能になった地点から、当事者は自己像や将来像をどのように描いているのだろうか。

5 自己変容の様相

ここまでは、フランクが言うところの「自己喪失」の様相と、それが「自己変容の特権的な契機」になっていく局面を描いてきた。本節では「自己変容」の様相を描き出す。

フランクによる「自己変容」は、桜井による「転機」の概念と重なるものである。桜井は「転機」について、次のように指摘する。すなわち「特定の出来事を転機と意識するのは、その出来事の経験」それ自体のインパクトではなくて、「その後の解決と決定による」ため、転機として語られた出来事を起点に「新しい自己概念や意味体系を獲得[11]」していく過程を長期的に把握する必要がある。そこで以下では、Bさんが獲得しつつあった「新しい自己概念や意味体系」を明らかにしたい。

Bさんは「ひきこもり」という診断を下され、病院のデイケア・グループや自助グループに参加して「ほかの人と話すことで自分〔と〕の距離感」が見えるようになって、ようやく自分が「限定された価値観」に「閉じこもっ」ていたことに気がついたという。

Ｉ：〔通院前は〕自分で自分がわからない〔という感じだった〕。

Ｂ：そうそう。アイデンティティの喪失ってやつだね。

I：アイデンティティと言ったときに何をイメージしますか？
B：そうなんだね。…少なくともこの頃〔通院前〕は、…生き方、仕事、就職（笑）
I：生き方、仕事、就職（笑）
B：だからもう、それしかなかったからね。いまにして思うと。結構自分は何か…柔軟だとは思ってたんだけど、自分では。でも、全然柔軟じゃないじゃん、限定されたものの見方しかもってないじゃん。［5―15］

ここでBさんは、「アイデンティティ」を担保するものとして「生き方、仕事、就職」の三つを並置している。ここからは彼にとっての就労問題の重大さが読み取れる。しかし、働きながらも「ひきこもり」の自助グループに参加している人と接するなかで、人生で就労が究極的に重要なわけではないということをBさんは学んでいった。

I：この、日本に住んでる大多数の人が社会復帰って、言ったときに就職…
B：まあ、まあ、思い浮かべるのは最初はそうだろうね。……でもさほら、自助グループとかに出てると、仕事はもってるんだけど、悩みがあって来てますって人が結構いるわけよ。そういう人と話してると……自分よりつらそうだったりするのよ。
I：あー、うんうん。
B：…たとえばそれまでは、仕事してる人ってのは、一応、まあ、あがりをしてしまって、ゴールに辿り着いたんだと思ってたんだけど…違うんじゃないの？　そのときからだんだん思い始めて。…で、そういう人たちをよくよく見てると、（略）結局何かその仕事のために追い詰められてるようなところもあったから、いや、これ…違うべ（笑）実感として、見てて、頭の知識じゃなくて…いや、違うべ、と思い始めて…［5―16］

また、大学時代の友人からいまの自分を認められたことも、Bさんにとっては大きな自信となったようだ。Bさんは当初、友人関係を絶っていた間のことを「オブラートに包んで」説明していた（［5―6］を参照）。だが、最も親しかった友人だけには「ひきこもりっていう単語を使っ」て、改めて話をしたという。後日その友人から届いたメールには「ある意味ですごくいい経験をしてて…これ負けられないぞって思った」といったことが書いてあり、それによってBさんは「見た目上はさ、就職して、自分で稼いで給料もらって何かしてるんだけど…じゃあ、それがほんとにじゃあ、いちばん正しいかっつったら、やっぱそういうの見てるとそうじゃないべ」という確信を、よりいっそう深めていった。

以上からは、次のようにまとめられるだろう。つまりBさんにとっての「日常的な意味体系」とは、「就職して、自分で稼いで給料もらって」いることを中心的価値とし、また学卒即就職という標準的なライフコースから外れること（誤解を恐れずに言えば、ただそれだけのこと）で、人生の意味や価値そのものを剝奪するようなものである。一方「新たな意味体系」は〝働いていること〟あるいは〝稼いでいること〟を人生の中心からずらし、それとは異なるところに価値基盤を求めようとするものである。以下の語りからは、Bさんのなかで新たな価値基盤が形成されつつあることが見て取れる。

仕事してるか、定職に就いてるか就いてないかっていうのは、判断基準、判断する材料の足しには、それほどならない。前は、それがもう、ほとんど全てだったんだけど……いまは、職に就いてるか就いてないかっていうのは、ほんと、付属的なもので、本人が、そこで何か葛藤抱えてたりとか……生きづらい思いをしているとかいったほうが、基準としては、そっちのほうが…軸になるのかと。［5―17］

以上のようなBさんの語りは、フランクが「探究の物語」と呼ぶものと重ね合わせることができるように思われる。それは、「「私はいかにしてこの危急の事態を乗り越えたのか」を軸として展開される」[12]物語である。その事態は決して自分から選んだものではないが、それも「探究の物語」を通じて「悪くない変化の代償として」[13]感受されるようになる。初めてインタビューをおこなったときのBさんは、いまの自分に満足しているとまではいかないものの、少なくとも強い不満を抱いてはいないように見えた[14]。

このようにして「日常的な意味体系」を相対化し「新たな意味体系」を確立していく過程は、自己肯定感を取り戻す過程でもある。また、こうした現在の延長線上に描かれる未来は、決してはっきりとした輪郭をもってはいないものの、少なくとも「ひきこもり」を〝自己を語るための語彙〟

として取り入れる前のように、絶望的なものではない。次のインタビュー終盤でのBさんの語りは、このことを象徴的に表している。

まだまだ道半ばだけど、いま来てる道は間違ってないし、このまま行けば…どっか…海に出る…ていう感じだから。［5―18］

6 「ひきこもり」を〝状態〟ではなく〝過程〟と捉える

先ほど触れた「探究の物語」について、フランクはこう述べている。個々人を襲った「危急の事態」は、「はじめは〔物語（人生）の：引用者注〕中断として現れるのだが、やがてはじまりとして理解されるようになる」[15]。これに従えば、ひきこもることは、それ以前にありえたのとは異なる人生の〝スタート〟と捉えることが可能である。とすれば〝対人関係の獲得〟と〝就労の達成〟のいずれも、決して〝ゴール〟すなわち〈回復〉にはなりえない。

言い換えれば、この観点からすると「ひきこもり」とは〈社会参加〉していない〝状態〟としてではなく、ひきこもる以前に思い描いていた自己像や人生像が崩壊したところから社会に流通する諸言説を取り入れながら、それらを再構築していく長期的な〝過程〟として見えてくる。「病い」や自らの人生に対する意味づけは、病状や生活の変化および価値観の変化などに伴い、刻々と姿を変えていく。[16] ここからは、個々の当事者の足取りを、その内的変化とともに長期的に追いかけていくことの重要性が示唆される。

ここまで見てきたように、自らを抑圧し疎外してきた意味体系を意識化して解体し、組み換えることを通じて自尊心を取り戻し、また未来を見通すことが可能になったとしても、当事者の置かれている状況は依然厳しい。扶養者である親と自分自身の高年齢化とともに〝働いて稼がなければ生活が立ち行かない〟という現実はいっそう重圧を増し、将来への不安や焦りはいや増す。しかし、いざ職を探すにしても「履歴書の「空白」問題[17]」が立ちはだかり、運良く職にありつけたとしても長く働けるとは限らない。

こうした状況に、彼／彼女らは一体どのように直面していくのだろうか。そして、そのなかでさまざまな出来事を経験しながら、ひきこもったことへの意味づけや、社会規範や価値基盤との距離をどのように変化させ、折り合いをつけていくのだろうか。次章ではこれらのことを描き、〈社会参加〉とは異なる形での〈回復〉のあり方を示すことにしたい。

注

（1）桜井厚『インタビューの社会学――ライフストーリーの聞き方』せりか書房、二〇〇二年、二三六ページ

（2）アーサー・クラインマンによれば、「病い」とは「病者やその家族メンバーや、あるいはより広い

社会的ネットワークの人びとが、どのように症状や能力低下を認識し、それとともに生活し、それらに反応するのかということを示すもの」（四ページ）である。これと対になる概念が「疾患」で、こちらは「治療者が病いを障害の理論に特有の表現で作り直す際に生み出されるもの」（六ページ）である。アーサー・クラインマン『病いの語り――慢性の病いをめぐる臨床人類学』江口重幸／上野豪志訳、誠信書房、一九九六年

（3）Arthur W.Frank, "The Rhetoric of Self-change: Illness Experience as Narrative," *Sociological Quarterly*, 34(1), 1993.

（4）アーサー・フランク『傷ついた物語の語り手――身体・病い・倫理』鈴木智之訳、ゆみる出版、二〇〇二年、八二―八三ページ

（5）Frank, *op.cit.*, p.41.

（6）基本的な文献として以下を挙げておく。浅野智彦『自己への物語論的接近――家族療法から社会学へ』勁草書房、二〇〇二年、前掲『物語としてのケア』

（7）Frank, *op.cit.*, p.40.

（8）*ibid.*, p.42.

（9）*ibid.*, p.40.

（10）前掲『傷ついた物語の語り手』八四ページ

（11）前掲『インタビューの社会学』二四〇ページ

（12）前掲『傷ついた物語の語り手』一七九ページ

（13）同書一八〇ページ

（14）といっても、多くの人が、ひきこもったことを大きな損失として捉えていることは間違いない。第

7章で登場するFさんとあるとき雑談していて、彼女がこう語ったことが深く心に刻まれている。「私がひきこもったことで失ったものは、あまりに大きい。確かに、ひきこもったから得られたものもある。しかし、それ以上に失ったもののほうが圧倒的に大きい。そのことを思うといまでも悔しくて悲しくて眠れないときがある」。こうした痛切な思いに触れると、「ひきこもり」を安易に肯定したり、現代社会に対する異議申し立てとしての可能性や、いまの社会で支配的な価値観を組み替えるきっかけとしての可能性を見出して賞揚したりするようなことだけは慎むべきだと強く感じる。

(15) 前掲『傷ついた物語の語り手』一八〇ページ

(16) Kathy Charmaz, "Struggling for A self: Identity Levels of the Chronically Ill," *Research in the Sociology of Health Care*, 6, 1987.

(17) 前掲『引きこもり』二二二ページ

第6章　問うという営みとしての「ひきこもり」

1　はじめに

「ひきこもり」と「ニート」が混同されることの問題点

対人関係を取り戻しても〈回復〉を実感できないという当事者の訴え、歳を重ねるごとに募っていく当事者や親の不安と焦燥感。これらを背景に〝就労の達成〟が次なる〈回復目標〉として持ち出され、「ニート」の登場はそれを決定づけた。いまや「ひきこもり」は「ニート」と一括りにされ、働いて稼げるようになることこそが〈回復目標〉と見なされるようになった（詳しくは第1章と第2章を参照）。

人々の関心が就労に傾いていくことに対する私のアンビバレントな態度については、第1章で述べたとおりである。しかし、にわかに「ニート」が高い注目を集めてから、「ひきこもり」は就労しているかどうかによって問題化されるべきものではない、と明確に考えるようになった。そして

「ひきこもり」と「ニート」が混同されて支援が講じられることに対しても、すぐさま強い危惧を抱いた。というのも、それによって「ひきこもり」に関する言説だけでなく、「ニート」に関するそれも支援実践に影響を及ぼすようになるからだ。これによって、さまざまに議論が交わされるなかで蓄積されてきた「ひきこもり」についての認識が歪められ、支援のあり様が変質しうる。しかも、それは当事者にも少なからず影響を及ぼすことになる。なぜなら、彼／彼女らは支援の受け手であるばかりでなく、自らの置かれた状況を適切に問題化し対処するための指針を、社会に流通する諸言説から主体的に得ようとしているからだ。

それでは、「ニート」はどのように理解され、対処すべきものと捉えられているのか。これを「ニート」論議の主要な論者の一人である玄田有史の論考を中心に見ていきたい。玄田の発言はマスメディアで頻繁に取り上げられ、生活態度の見直しや就労体験を通じた職業意識の向上といった彼の提案は「若者自立塾」などの政策的取り組みにも反映されており、その発言力は極めて大きい。また、玄田の著書では「ニート」を「ひきこもり」に引き付ける記述が随所に見受けられ、「ひきこもり」関連団体が主催する講演会に講師として招かれることも多い。このように、玄田は「ひきこもり」のコミュニティで最も高い関心を寄せられている論者であり、その発言はほかの論者よりも強い影響力をもっていると推測される。

「とりあえず働いてみる」？

玄田の提示する「ニート」への処方箋は、〝とりあえず働いてみる〟という一言に集約できる。

これは若者の「「自分」疲れ」という現状認識に基づいていると考えられる。[1]すなわち、「ニート」とは「個性重視や個人の選択による自己実現を当然とする風潮」に煽られ、「絶望」し「疲弊」してしまった若者である。そして、「ニートは（略）働く意味を深く考えており、むしろ意味や自分の可能性などを考えすぎる結果として、働くことが困難になったりしている場合のほうが圧倒的に多い[2]」。したがって、世間に流布している〝就労意欲のない若者〟というイメージは全く的外れである、と玄田は主張する。

ここからは、次のような玄田独自の「ニート」像が読み取れる。すなわち、「やりたいこと」や「働く意味」を生真面目に考えるあまり、働く一歩手前で立ちすくんでしまった若者、というものだ。玄田はこうしたイメージを描いたうえで、「やりたいことは、働くなかでほとんど偶然のように、みつかるものだ。だから何にもやりたいことがないのなら、とにかく何かほんの少しでも興味があることであれば、そこからやってみればいい[3]」というメッセージを伝えている。また玄田は「やりたい仕事」や「働くよろこび」との出会いを回転寿司に例え、いつも自分の食べたいネタが回ってくるとは限らないが、それにありつくには席に着いていなければならないのと同じように、働いていなければチャンスもめぐってこないと説く。[4]

以上のように、「働く意味」に拘泥せず、とりあえず働いてみるのがいい、というのが玄田の処方箋である。では、これが「ひきこもり」にも適用されたとき、それは当事者にとって一体どのような意味をもつのだろうか。以下では、複数回にわたってインタビューをおこなうことができたAさん・Bさん・Cさんの語りから〝対人関係の獲得〟以後の過程を描き出し、最後にこの問いに答えることにしよう。これを通して、〈社会参加〉とは異なる形での〈回復〉のイメージを明らかにできるはずだ。

2 〝対人関係の獲得〟その後

社会との接点を取り戻したことによる安心とさらなる不安

まず、Cさんの初回インタビューから見ていく。Cさんは「ひきこもり」の自助グループに参加して、初めて「自分の居場所」を見つけたように感じた（第4章第2節を参照）。しかし、いままでにはない安心感を手に入れながらも「むしろ出てからのほうが苦しい」と彼は語る。なぜなら、ひきこもっていた頃は「直視」しないようにしていた「いろいろな現実を見なくちゃいけなくなったから」である。

話は少し遡るが、作業所に通うようになって間もない頃、Cさんはアルバイトの面接をいくつか受けたことがあるそうだ。しかし、面接相手との「会話もほとんど続か」ず、履歴書の経歴欄の「空白」について「これは何？みたいに突っ込まれてもうまく説明できなくて」、どれも不採用に終わった。この「挫折」によってCさんのなかにある不安が生まれた。「働きだしたら、あの面接のようなこと」を「〔職場に〕行くたびに乗り越えていかなきゃいけないのかなあ」と想像して、自分には「無理だ」と感じたという［6─1］。

この「挫折」に加え、過剰と思えるほどの「人間ていうのは働くのが当たり前だっていう価値観」のために、Ｃさんは自らの存在価値を全否定するようなところまで追い詰められていった。こうした自己否定感は、いまだ根強くあるようだった。

働いてない人間てのは……言葉悪いんだけど、ま、くずだっていうのが自分ではあって……うーん…働いてないならお前価値なし……てのが、自分が自分で………。こないだ〔二〇〇一年五月のＳ会の定例会〕自分のなかの他人がっていう話が…あるいは、もうひとつ、自分のなかのもう一人の自分っていう感覚があって……それが、自分をずっと見つめてて、自分をずっと追い込むっていうか………それが働け働けーと。［６―２］

さて、従来「ひきこもり」からの〈回復〉については、いきなり〝就労の達成〟を目指すのではなくて、まずは〝対人関係の獲得および充実〟を優先するのがよいとされてきた。確かに、共感的理解を得られる仲間とのつながりは当事者に多大な安心感をもたらす。しかし、それだけで自己否定感が解消されるわけではない。Ｃさんが語ったように、就労を含めた〈社会参加〉の達成という課題に現実的に取り組み始めるなかで社会経験のなさを思い知らされ、劣等感がより深まっていくこともあるのだ。

また、Ｃさんは同級生からいじめられ続けたことで人間に対して「絶望」し、自殺を考えるところまで追い詰められていた（［４―３］［４―４］を参照）。この傷は、二十年近くがたったいまもなお癒えていないようである。たとえば中学時代は毎日いつ跳び蹴りされるか怖れながら過ごしていたが、この感覚は「実はいまでも続いてて、うーん、だからね、街中歩いててもね、神経がもう、周りにいっちゃってて、すごい落ち着かない」という［6―3］。また「同性に対して、すごい、やっぱ嫌悪感をもっているとこが、まだまだ」あり、グループRの仲間とドライブに出かけたとき、いじめられていた頃の記憶が「一瞬ぱっとフラッシュバック」して、仲間に対しても「強烈な嫌悪感が出てきちゃっ」たというエピソードも語られた［6―4］。

このような他者に対するネガティブな感情は、服装にも現れている。この頃のCさんはいつもシャツにジャケット、スラックスといった格好だった。これは彼にとっては「人格の根本の部分」を守るための「鎧」なのだという。Cさんは S会に斎藤環がゲストで来たときに「いじめによるひきこもり」は「PTSDじゃないか」と話していたのを聞いて、インターネットでPTSDについて調べたところ「自分に結構あてはまって」ると感じたそうだ。そして、ネットで見たPTSDの症例を引きながら、服装について次のように説明してくれた。

C：レイプされた女性が（略）自己防衛で頭を丸めて、ちょっと女性じゃないように……あの、外見を繕うとか…ていうことが書いてあって。そういう感覚は自分にも当てはまって。ほら、ぴしゃっとした外見をしてしまうのは、これもちょっと自己防衛…のところがあって……何だろう……まあ、ちょっと意識して、意識してやってるのはこう…この、ぴしゃっとすることでちょっとした鎧、みたいな…あのー…ものをはおってる気分……

I：鎧なんだ。何から、やっぱり、守ってるのかしら。
C：（略）何だろう………うーん……何だろう。プライドかなあ。
I：プライド。
C：………………ちょっと違うなあ……何かこう、自分のなかの根本の部分、を……自分の人格の根本の部分を何かそれで守ってるって言ったらいいのかなあ。何かうまく言葉にできないんだけど。［6―5］

ここまで引用してきた語りは全て過去の心情についてのものではなく、二〇〇一年にインタビューをおこなった時点でのものである。このあとCさんは一体どのように、この激しい自己批判や他者への不信感と折り合いをつけていったのだろうか。初回インタビューから二年ほどたった二〇〇三年に再度インタビューを申し込んだが、このときは「いまは空っぽで何も話すことがない」と断られてしまった。当時は対人関係を取り戻しただけでは〈回復〉を実感できないと語る当事者が目立ち始め、コミュニティ全体が閉塞感、停滞感に包まれていた頃である（第1章を参照）。Cさんもまた、インタビューを引き受けられるような余裕はなかったのだろう。Cさんへの再インタビューが実現したのは、二〇〇五年末である。(5)

そこで次項では、その過程を詳細に語ったAさんへのインタビューを取り上げることにしたい。前もって言っておくと、これは前章第5節でBさんの語りから描き出した「自己変容」のプロセスでもある。

自己の再構成と受容

Aさんは斎藤環のウェブサイトで「ひきこもり」を知り、早速その著書を購入した（前章第4節を参照）。それからすぐに母親にもその本を読んでもらい、そこに連絡先が載っていた支援施設にも問い合わせてもらった。そのとき自宅からも通いやすい場所にある支援施設を紹介され、そこが運営していた当事者のためのグループ活動に参加するようになった。しかし、Aさんはそこに出かけることが「最初はいや」だったという。なぜなら、ほかの参加者を見ていると「問題のある自分」を見せつけられているような気分になったからだ。だが、自らの経験を語り合う集まりを率先して開くようになって、そうした嫌悪感は徐々に薄れていったという。Aさんはその理由を次のように説明している。

他人と自分が違うっていうのがわかったんですね。で、違っても大丈夫なんだっていうのがわかったわけです。それぞれみんながいろいろな経緯を辿ってこういう状態になったわけですけど、それでも…全く同じじゃない。全く同じである必要もない。だから、他人と僕が、違ってて当然なんだと。［6―6］

Aさんにとっての「問題」とは、「みんなと同じように」大学を卒業して就職できなかったことである。何より「みんなと同じ」ではなくなってしまったことが、Aさんに苦痛を与えていた

（［5―10］を参照）。しかし、当事者同士の集まりで「年齢も違うし、もちろん学歴も違うし、全く経緯も違う」人々の経験に耳を傾け、自分自身の経験を繰り返し語るうちに、「他人と自分が違う」ということ、そして「違っても大丈夫なんだ」ということを実感していったのである。グループ活動に参加するようになって最も変わったことについて尋ねると、Aさんは次のように答えた。

まあ、まずその、自分が、いまこの状態にあるっていうことを現実として受け容れられるようになったこと。だから、僕はいま二十七歳で、無職で、大学中退してる。ま、自分の事実を受け入れることができるようになった、と思いますね。だから、僕はその、親から生まれて、＊＊＊に暮らして、○○高校ってところ出て、△△大に通って、中退してっていう、自分の辿ってきた、自分のこれまでの経緯を、自分で受け容れることができるようになった。（略）自分の変えようのない事実ってのを、こうやってほかの人に話すことで、それで、自分自身で受け容れることができるようになったと。［6―7］

こうしてAさんは〝みんなとは違う自分〟を受け容れていき、このことはいままで絶対視してきた〝普通の生き方〟への見方も変化させた。Bさんが語っていた「軌道を外れた人工衛星」の比喩（［5―2］を参照）を紹介したところ、Aさんは自分なりの解釈を語ってくれた。

I：そこで、本来の軌道っていうと、何をイメージしました？

A：僕の場合はちゃんと〔大学を〕卒業して、就職してっていうのが、まあね、僕なりに考えてたことなんですけど、だから、まあ、いまの時点でも本来の軌道から外れてるわけなんですけど、僕の場合はいま、本来の軌道を外れててもまあいいやと、思えるようになったんですね。

I：やっぱりそれは本来の軌道。

A：本来の軌道っていうのは、言ってみれば、世間体とか、世間並みとか、人並みとかそういう言葉で代表されるもんだと思うんですね。だから、別にそこを外れても、大丈夫なんだっていうのがわかれば平気なんですけど。何てことないんですけど。

I：じゃあ、いまは世間並みじゃなくてもいいやと。

A：そうですね。僕はその、その例でいくと、本来の軌道そのものも幻想だと思うんですよ。自分自身でそう思ってるだけだったと思うんですね。〔6―8〕

Aさんによれば、「本来の軌道」とは学卒即就職という標準的なライフコースのことであり、それは「世間並み」や「人並み」といった言葉に代表されるものだという。かつての自分は「世間並み」でなければならないというプレッシャーに押しつぶされていたが、いま思えばそれも「幻想」にすぎなかった、とAさんは言い切る。この転換は、同時に彼が抱え続けてきた問題に対する認識も変化させた。

I：ひきこもりに入ってしまう…きっかけみたいになった問題は、最中には見えなくなって、見ようとしなくて、いま、その問題は…

A：うーん、まあ、問題じゃなくなってるって感じですかねえ。（略）怠け者の自分も、いまの自分なんだと受け容れることができたからですね。

I：じゃあ、受け容れられた時点で問題は問題でなくなったんですか？

A：うーん、僕はそうでしたね。

I：…それは解決されたって言っていいんでしょうか。

A：わからないですね。…別に、解決されたわけじゃないですよね。就職はしてないし、卒業はしてないし。…ただ、そうですね、現状を受け容れれば…考え方でしかなかった、僕の考え方でしかなかったですね。（略）…本当に、僕が問題だと、卒論とか就職できないとかを問題だと感じていたときは、これほどでかい問題はないと、思い込んでいたんですが、死ぬほどの問題ではなかったなっていうふうに思いますね。だから、まあ、解決したというか、消えたというか。消えたっていうほうが正しいと思いますね。［6―9］

自分が抱えていた問題はいまや「問題」ではない、とCさんは語る。確かに「就職はしてないし、卒業はしてない」という状態だけを見れば、数年前から何も変わってはいない。しかし、「世間並み」とは「幻想」だと割り切ってしまえば、それは何も「死ぬほどの問題ではなかった」ことになる。だから、問題は「解決」したというよりも「消えたっていうほうが正しい」というのだ。

以上Aさんの語りは、「ひきこもり」という共通項で結ばれながらも、多様な背景をもつ仲間との出会いを通して、これまでの人生を見つめ直し受け容れることの重要性を示している。「一貫した生活史の意味を作りあげることは、過去の束縛を逃れ未来に自分を開く主要な手段[6]」である。だからこそ、以上のような自己の再構成と受容を経て、初めて今後どのようにして社会と接点を得ていくのかという模索が可能になるのだ。

しかし、その道のりは決して平坦なものではない。特にAさんとBさんのように、社会に広く行き渡る〝働くことは当然だ〟という価値観を信じきっていたがゆえに身動きがとれなくなり、それを相対化することが自己肯定につながったような場合、事はより複雑であるようだ。いったん相対化したとはいえ、就労を中心的価値とする意味体系から完全に自由になれるわけではない。そのため、一方では相変わらず就労に執着し、他方では就労へと自らを動機づけることが難しくなる、そういったジレンマが生じるのである。

3 就労をめぐるジレンマ

就労を達成することへのこだわり

初めてのインタビューから二年が経って、何かしら変化はあったのか。あったとすれば、それはどのようなものか。今回はこうしたことについて聞かせてほしい——再インタビューの冒頭でそう告げると、AさんとBさんは申し合わせたかのように、自嘲ぎみな苦笑いとともに全く同じようなことを語り始めた。

A：…えーーっと、でもね。あんまり変わってないんですよね（笑）問題は、そこなんですよね。……えーっと……そう、状況はそんなに、変わってない。むしろだから、歳とってる分だけ悪化してるっていうか、いうふうに思うんですよ。あのー……やっぱりまだ働いてないし……まあ、あの、＊＊＊＊〔グループR〕っていうのは安定して、それはほっといても大丈夫だと思うんですけど。肝心の、僕個人があんまり（笑）進歩してない。［6―10］

B：そうだねえ。〔前回のインタビューから〕もう二年経ってるんだね。

I：そう、二年経ってるのよ。

B：…………何か、ある意味ショックだよな（笑）

I：えー、ショック。

B：……一言で言っちゃうとー、まあ、あの時期でさえ結構もうだいぶよくなってると。特にあの二回目のインタビュー〔二〇〇一年七月におこなったインタビュー〕のときは……テープ起こししたやつ見てもおれ、ポイントがまとめやすかったから、だいぶ整理されてんだなあっていうのはわかったんだけど、あれから二年経って…二年経ったわりにはそんなに…進歩がないなって思う（笑）［6―11］

二年前と比べてほとんど「進歩」がない、というのが両人の現状評価である。「悪化してる」（Aさん）、「ある意味ショック」（Bさん）といった表現からも、双方ともに現状を否定的に捉えていることは明らかだろう。こうした評価は、初回インタビューとは対照的である（たとえば［5―18］を参照）。AさんとBさんが自助グループに初めて参加したのは一九九九年のことであり、二〇〇一年の時点ですでに二年が経過している。その間に彼らは多くの仲間と出会い、語り合いながら問題を整理し、また自助グループを立ち上げて活動を軌道に乗せるなど、それなりの達成感を得ていることが初回インタビューでは伝わってきた。

ことにBさんは着実に前進してきたという感覚が強いだけに、現状に対する失望感も大きいように感じられた。以下のやりとりからは、彼の複雑な心境が読み取れる。

B：あの頃〔通院し始めた頃〕は一年間でこれだけのことができたのに、いまは二年経ってこれだけのことかよ……と思うと、何やってたんだかな。おれはこの二年、ということはよく〔思う〕。（略）〔こういうことを〕カウンセラーの人に言うと、いや確実に変わってるんだし、というようなことを言ってくれるんだけどー……ねえ……

I：ちょっと納得がいかない。

B：いかないねえ。

I：いかない。うん。

B：少なくともイメージしてたものとは違うよね（笑）二年あればそれなりの変化ができるん

じゃないか〔と思っていた〕。（略）基本的に自分のやってることとやってきてることは間違ってないし、いい方向には進んでる、という自負はあるんだけど（笑）その反面、肝心なことは全然進んでない、というジレンマもあります。〔6―12〕

最後のところに出てくる「肝心なこと」とは、就労ならびに経済的自立の達成のことを指している。〔6―11〕の直後に「進歩がない」という言葉について確認したところ、「前のときからさ、あの……就労は、最終的なゴールではないけど、おれは就労じゃなくて経済的自立と言いたいんだけど……まあ、必要なことの一部、ではあるとずーっと思ってたんだけど。相変わらずそこにはいかないし」とBさんは語った〔6―13〕。

以上から、Bさんは自助グループの運営を成功させたことや、多くの人と知り合ったことなど就労に関わらない側面に関しては高い自己評価を保持しながらも、その一方で就労や経済的自立の達成という観点からは低い評価しか与えられないというジレンマに陥っていることが読み取れる。ただし、このときBさんにとってより重要だったのは、就労の有無であった。何か変化したことはないのかBさんに尋ねると、彼はいくつかのことを挙げた。自助グループの運営から降りたこと、友人が増えたこと、一時期疎遠になっていた親戚関係が復活したことなど。ところが、これらのことを一気に語り終えた後、Bさんは最後に「あんま変わってないっちゃ変わってないんだけどさ」と笑いながら付け足した〔6―14〕。要は働けるようになること以外は「進歩」として認められないということであり、ここにはBさんの就労に対する強いこだわりが表れていると言える。

付け加えるならば、Bさんの自己評価を低下させているのは、単に就労を実現できないということだけではないように思えた。Bさんは上山和樹の手記にある「「親密な仲間ができた」状態から、「独立した経済生活」へのハードルが実は一番高い」(7)という部分を引き、まさにそのとおりだと述べてこう続けた。「二年前のインタビューのときだって、もう親密な仲間ができてる状態だったわけじゃん。心理的にもひきこもってなかったから。でも、そっから二年経って、大して変わってないのかって思うと、たまにがっかりする」と。ここでの「親密な仲間を作る」とは斎藤環が掲げている治療目標であり、コミュニティでも〈回復〉と見なされてきたものである。つまり、専門家言説で〈回復〉とされてきた地点を超えたはずなのに、いっこうに〝その先〟へと進めない、すなわち就労へと結びついていかないことが、いっそうBさんの失望感を強めていたと解釈することができる。

このように就労への強いこだわりを見せながらも、他方でBさんは、一直線にそこへ向かっていくことにも躊躇を覚えていたようだ。このことは、当時(二〇〇三年五月)盛んになりつつあった就労支援について意見を求めた際の答えから見て取れる。

ま、いったんひきこもったりした人間を、いまのこの社会に回収すること、かぎかっこつきで回収することが、本当に正しいのかなっていうと、おれはちょっと疑問なのね。それに対して拒否反応示して、ドロップアウトしちゃったわけだから、そこに強制して、もとに戻すこと、が正しい、必ずしも正しいことなのかなっていうとおれは首をひねってしまう。ひょっとしたらその、社会が間違っていると言うつもりはないけど、そこに適合できなかったから、〔道を〕それたんだから、その、適合できなかった人が生きていけるような、何ていうのかなあ、オルタナティブな道を作るっていう発想も、ありなんじゃないかなと。［6―15］

だが、このように「いまのこの社会に回収」されることへの疑問をもちながらも、やはり自分自身については「回収」されたいという思いが抜きがたくあるようだ。これにすぐ続くやりとりからは、Bさんの内面で生じているせめぎ合いが透けて見えてくる。

I：…そして自分も〔現行の社会に適合することには〕無理があるということ？
B：それはわかんない。
I：わかんない。
B：というのは、自分はひきこもり経験者のなかでは、自分で言うのも〔おかしいけれど〕、比較的普通だから（笑）［6―16］

就労に向けて動機づけることの難しさ

Aさんも就労して経済的自立を果たすことの必要性を強く感じているが、Bさんとはまた異なる理由で就労の実現に向けて動きだすことができないでいるようだった。［6―10］のあと、ほかの当事者と比べても「うまくいってないほうだと思う」「進んだというか、そういう実感がもてなかったっていうのは、正直言ってありますね」とAさんは続けた。これに対して、どうなればうまくいっていると言えるのか尋ねたところ、Aさんは就職して結婚もしたグループRの仲間の話を引いた。つまり、就労や経済的自立、結婚といった一般的に「自立」と言われるようなことに関しては「進歩」していないと考えているのだろう。そんな自分が「歯がゆい」とAさんは語った。

だが、インタビューを開始して一時間ほどたったところで、やはり二年前とは変わったような印象を受けるという感想を私が漏らすと、彼はこう答えた。

A：まあ、内面の問題はね、変わってるのかもしれないけど、やっぱり、具体的な行動の面じゃ、ほとんど変わってない、ないですから……まあ、僕が、〔僕〕にとって（笑）もちろん内面の問題も重要なんですが、外面的な問題も（笑）結構重要なんでして。この歳ですと。…そうそう……

I：外面的っていうと、

A：つまりまあ、まあ、まあ、まあね（笑）仕事をしてると。仕事をしてると、その一点でしか、もうねー、その一点ですね。［6―17］

つまり、AさんもBさんと同じように（［6―13］［6―14］を参照）、就労の有無を現状評価の唯一の基準としているために、心境など「内面」の変化は「進歩」として認識されず無効化されるのだろう。さらに次のやりとりからは、三十歳という節目を目前に、もはや心穏やかではいられなくなっていることが見て取れる。

A：さすがにまずいと思いますよ。そう、ねえ（笑）……そう…………まだね、二年前は楽観視してたんですよね。まだ二十六か、あのとき、ん？　二十七か。まあ大丈夫だ、何とかなるだろうって思ってたんですけど、ちょっと、いまは、そういう気分じゃないですね。そんなに……さすがにね、三十って数字はでかいですよ。

I：うーーん……その何とかなるだろうっていうのは、働けちゃうだろうとか。

A：うーーん。わりとね、気楽に構えてたんですけど。やっぱり何も考えないでいれば、やっぱり（笑）それなりになるんだ、なるようになってしまうんだと、いうふうに思いますね。

［6―18］

このなかで「何も考えないでいれば」とあるが、確かにAさんは初回インタビューで、「社会復帰」については「考えているかと言われれば考えてないとしか言いようがない」と語っている。長年にわたる葛藤にひとまず決着をつけ、ようやく一息ついたところで、先のことまで考える余力はなかったのだろう。またグループRでの活動が充実し、その運営に打ち込んでいたこともあって、さほど切迫感をもたずにすんでいたのかもしれない。ところが再インタビューの数カ月前、Aさんは運営スタッフを辞めて一参加者になっていた。本格的に将来のことを考え始めたのは、それからだという。当時仮オープンしたばかりだった「ヤングジョブスポット」にも、早速足を運んだそうだ。
Aさんはこのとき、「家の経済状況」を考えれば「働くことが幸せ不幸せとかそういうの抜きにして」働かなければならないと語っていたが、なお職探しに身が入らないでいるように見受けられた。これは、たとえば次のやりとりからうかがえる。

I：次のステップはやっぱり就労ですか。
A：うーん、ですよねー、とりあえずねー。
I：とりあえず。
A：あーまーもー、働かないとね、お金がねーないしねー、ほんとにその、よく出てくる経済的自立ってやつですか、ほんとに。……そのね…やっぱりね……何ていうのかなー……欲望をセーブするのに慣れてしまったっていうか。つまり、まあ、つまり、何だろう、あれがほしいこれがほしいっていうのを…我慢するのに慣れきってしまってるんだなーと、思うんですよ。…だから、お金なくても…まあ別にね、息して（笑）あとおうちでごはん食べてれば何とかなるしーってのもあって。［6―19］

ひきこもっている間は金銭的な余裕が全くなく、Aさんは買いたいものや行きたいところがあっても、ずっと「我慢」していた。そのため「節制だとか、抑制してるっていう自覚」がなくなるくらい、お金を「使わないでいることに慣れきっちゃって」「職種も考える前にまず、何かほしいものがあるかっていう、そっちのほうが欠落して」しまったのだという。そのため将来はどうあれ何とか暮らしていけているいま、働くことへのモチベーションが上がらない、といったところなのだろう。といってもAさんは働かなくてもいいと開き直っているわけではないし、週二、三日のアルバイトで暮らせるようなライフスタイルを積極的に実践しようとしているわけでもない。経済的な事情をかんがみれば、いまのままではいけないと考えていることは会話の端々から伝わってきた。

しかし、このインタビューから二カ月ほど経って、Aさんからアルバイトを始めたという連絡があった。自宅近くにある倉庫で働き始めたのだという。このことについて話を聞きたいと思い、その半年後に再びインタビューを申し込んだ。そこで、Aさんはアルバイトを始めた理由を三つ語ってくれた。

一つ目は、前回のインタビューで「動けない動けないって、確か進歩してないとか」繰り返し語ったことで「動けてないって再認識できた」こと。「動けてないってことを、自分で確認して、まあ、このままだとやばいなって思うようになったんだと思う」とのことだった。このときAさんは前回を振り返って、「より現実的に認識し始めてる」という意味で「あれもある意味進歩してたんだな」と、そのときの自己評価にも修正を加えていた。二つ目は、グループRで知り合った女性と交際を始めたことである。一人の頃は「なけりゃないなりにやってたけれども」、二人でどこかに遊びに行ったり、食事をしたりするにはお金がいるので働くしかない。そうして「現実にお金が必要な状況」になり、「いい意味での欲が出た」のではないかという［6―20］。そして三つ目は、三十歳という節目を前に思いきったことである。「もう金も必要だし、やばいし三十前だし、せめて三十前に何とかしとかないと……って思って、えいやっと決めた」そうだ［6―21］。以上のことが「組み合わさって」、アルバイトを始めることができたのだと、Aさんは説明してくれた。

だが、そのアルバイトも始めてから九カ月ほどで、体調不良を理由に辞めた。そのときには貯金がある程度できていたので少し休養することにして、一年ほどしてから短期アルバイトを週に数日するようになったそうだ。ところが、二〇〇六年にインタビューを申し込んだときは、それも辞めて、ほぼ毎日自宅で過ごしているとのことだった。上の弟が精神的に調子を崩したり、下の弟が結婚したりするなどさまざまなことが重なって、だいぶ疲れている様子だった。

さらに、父親と初めて「親子げんか」をしたことも彼を消耗させているようだった。お互い「波風立てない」ようにする「性格」なので、それまで言い合いをすることはなかったそうだ。このことを見る前に、Aさんの親子関係について軽く触れておこう。大学を退学して、Aさんは自分がどういう状況なのかようやく両親に打ち明けることができ、両親もAさんの苦しみを理解してくれたという。もともと険悪な関係ではなかったので、話を聞く限りでは比較的スムーズに相互理解が進んだようである。このところは養ってもらっていることが負い目になって自分から「引いちゃう」そうだが、おおむね良好な関係性を保っているようだった。就職については「たまーに親は言ってきますけど、でもそんなね、別に毎日毎日言ってくるわけ」ではなく、何より「僕自身が、すごい…焦ってる」という。

さて、大学を退学してから、母親のほうは積極的とまではいかずとも「僕が頼んだことを手伝ってくれるっていう感じ」でAさんに協力してくれた。一方、父親は退学する前も、した後も、ほとんど関わってくることはなかったそうだ。父親は二〇〇二年頃に定年退職してから畑を借りて野菜作りにいそしんでおり、Aさんもときおり畑仕事を手伝っているという話題が二回目のインタビューではのぼった。ところが、右で述べたような変化が家庭に生じたことが引き金になったのか、Aさんは父親と初めて衝突したという。

A：今年に入ってからなんだけど、それ〔下の弟の結婚〕もでかいね。でまあ整理をつけたくなったんでしょう。だから、もう弟は、二番目の弟はもうしょうがないから、とにかくおれだけでも出てってくれと。

I：出てってくれ。出てってくれ？　働けじゃなくて、〔その段階を〕飛ばして出てけ。

A：…うん、そう言われた。（略）何とか出てってくれよって（笑）そう言われた。やっぱね、あーそうだろうなーと、やっぱりわかってはいるけど実際にやっぱり言われるとへこむけれども、でもそのとおりだよなーと、歳も歳だもんなーって。自分でも思ったし。

I：いままではその、さすがに出てけみたいなところまでは言われなかった。

A：いや、それも別にほら、説教っていう感じじゃなくてさ、頼まれたって感じでうわーって（笑）おれ悪いことしてるな、っていうふうに思った。［6―22］

そして、「老いた父に出て行ってくれと頼まれるというのはね、大変な挫折感」だとAさんは語った。加えて、十年前に下宿先から実家に連れ戻したときと「いまも全然変わってないじゃないか」ということも言われて非常に情けない気持ちになったという〔6—23〕。
こうして家庭のなかの「バランスが崩れ」たことが「良くも悪くも」「動くきっかけ」になり、Aさんはハローワークに出かけ、再び求職活動を始めた。だが、彼自身が明確にそう語ったわけではないが、やはり職探しに対してあまり積極的ではないように見受けられた。この印象は、たとえば次のようなやりとりから形成されたのではないかと思う。これは、三十歳を前にして始めたアルバイトを辞めたことについて話し合ったときのものである。

I：その、仕事のきつさっていうようなものを抜いても、続かない何かがあったのかな？
A：…………続かない理由かー。まあ、やっぱり……慣れてなかったとか（笑）そういうことにしちゃおうかな。何か明確にこれっていう理由があるわけじゃないんだよなー。だから、さぼり癖があるんじゃないかって言われてしまうと、そんな気もしてくるんだよ。要するにそういう状況に慣れてしまったから。……で、要するに、月、週に二回か三回くらい働いて、それでとりあえずは、ね、ごはん〔を親が用意してくれて〕、生きてけるっていうふうになっちゃうと、そうなっちゃうのかなーと。……
I：何でしょうね？ その、何が足りないのか、何があれば、〔働き続けられそう〕なのか……って思います？ 自分では。
A：………うん……き、厳しい条件が（笑）ってなっちゃうのかもしれないな。まあ、厳しい、うん、だからさ、親に、ねえ？ うるさく言われるようになってからやっぱり動くようになっ

ちゃったし。そういわれると、もう悔しいんですけど、そのとおりなんですよね。［6―24］

Aさんはよく、自分のことを「怠け者」とか「さぼっている」などと表現する（たとえば［6―9］を参照）。これもまた、働きだせなかったり、仕事が長続きしなかったりすることの「これっていう理由」がないために、そのように思うしかないのだと考えられる。だが、こうした「動けなさ」には、「怠け」や「さぼり癖」といったものには収まらない何かが潜んでいるように思われてならない。私はAさんの一体何に引っかかっているのだろうか。

おそらく、私はAさんに何か空虚感のようなものを感じ取っているのだと思う。この空虚感は、私なりのAさんに対する次のような理解に根ざしている。

Aさんにとって就職することは、「みんなと同じように」という表現に象徴されているように、他者や社会規範に同調することでしかなかった。「世間並み」であること、それが彼の目指すところの全てだったのである。しかし、過去を総ざらいして人生を語り直すなかで「世間並み」とは「幻想」だったのだという一応の結論に達し（［6―8］）[8]、Aさんは自分を受け容れることができた。だが、それと同時に自分が何を目指し、どう生きていけばいいのかという問いに改めて直面することになり、その前で再び立ちすくんでしまったのではないか。その後Aさんはアルバイトをしたり求職活動をしたりしているが、そこでは主に恋人ができたことや（［6―20］）、三十歳という節目を迎えたこと（［6―21］）、父親と衝突したこと（［6―22］）など、言うなれば外在的な要因が作用しているにすぎない。

以上からは、次のような二つの可能性が示唆される。すなわち、第一に学卒即就職というライフコースに沿って生きることだけを求めていたがゆえに劣等感を深め、そのような生き方を相対化したことが自尊心の回復に直接つながったようなケースでは、その裏返しで就労に向けて自らを動機づけることが難しくなりうるということ。第二に、行動を起こす局面では外在的な要因が有効に働いたとしても、それは〈社会参加〉の継続にとっては不十分であること。とすれば、内在的な要因を探っていく必要がある。この内在的要因とは、先に言ってしまえば、働くことや生きることへの自分なりの確かな意味である。次節では、このことをBさんとCさんの語りから明らかにしたい。

4 自己・労働・生を問う

「時が熟す」のを待つ――Bさんの場合

Bさんは再インタビューの半年ほど前にグループRの運営から手を引き、ほかのグループ活動からも少し距離を置くようになっていた。以前から、自助グループは「次のステップ」に進むための「踏み台」のようなものだという話をBさんから聞いていたため、いよいよ就労に向けて本格的に行動を起こすのだろうと私は思い込んでいた。ところが、自助グループを離れた後、Bさんはミニコミ誌やインターネット上で自分の経験を発表したり自分史を書いたりすることに精を出すようになった。このことについて、彼はこう語っている。

これ〔執筆活動〕がどこにつながるかって言われると困るんだけどー…うん、あの、この先どうなるかっていうことと別に、たぶんこれはいまやらなきゃいけないことだからやってると。どんなに原稿書いてても推敲しててもはっきり言って一円も入ってこないわけよ。だから、そういう意味では就労とか経済的自立とか、ゴール、括弧つきのゴールとは全然関係ないところに進んでるんだけど（笑）、でも何かこれはやらなきゃいけないんじゃないかなーって思うからやってる。［６―25］

ここでは、Ｂさんが一応の「ゴール」として目指している就労や経済的自立に結びつくような類の活動ではないことを承知しながらも、「やらなきゃいけない」という切実さをもって文章を書いている、ということに注目したい。Ｂさん曰く、対人関係に対する苦手意識はそれほどなく、学生時代は熱心にアルバイトをしていた時期もある。だから「やれって言ったらできる」かもしれない。だが、それでもアルバイトをしようという考えは「いまのところ浮かばない」のだという。

その理由としては、次のようなことが挙げられた。三十歳近くなってアルバイトから始めるのはいやだという「自意識」や、社会に「適合できなかった人」を「いまのこの社会に回収」しようとする風潮への「違和感」、そして働きだすにはまだ「時が熟してないって感覚」である。このなかで、右のことに深く関連していると考えられるのは、三点目である。この感覚については、最初におこなったインタビューですでに語られている。なぜＢさんは「時が熟す」ことにこだわるのか。

そして、「時が熟す」とは具体的にどういうことなのだろうか。

一見、この語りは働かない（働けない）ことを正当化しているようにも思える。だが、その背後には［5―14］のような自己分析があり、それは仮に大学を卒業し就職していたとしても「どっかの時点でそれは…一度は」ひきこもったに違いないという感覚と結びついている。また初回インタビューでは、次のような就職に対する考えも語っていた。

時が熟したときにそうすればいいんであって…うーん…やっぱいまのところ、目的がはっきりしないと、あと行動できないから…まあ、それは、はっきりしてからか、あるいは自分の考え方が変わってからでいいんじゃないかと。［6―26］

要するに、やりたいことや働くことの意味を大して考えもせず、ただ働かなければならないという意識しかなかったために自分はひきこもってしまった。それゆえ「目的がはっきり」したり「自分の考え方が変わっ」たりしないうちは働きだせないし、仮に働いたとしても結局はひきこもってしまうだろう。Bさんはそう考えているのだ。

以上から、彼にとってエッセイや自分史を書くということは、「時が熟す」のを待つ一つの方法だと考えられる。したがって、「時が熟す」とは次のようなことだと解釈できる。すなわち、時間をかけて自分自身を見つめ直すことを通して、働くこと、ひいてはこの社会で生きていくことに対する自分なりの〝答え〟を手に入れることである。もちろん、考えあぐねた末に何も得られないということもあるかもしれない。だが、本人がそのことに納得できるならば、それもまた一つの〝答え〟であるはずだ。

次のエピソードは、何らかの〝答え〟が得られるか否かは二次的なことであって、むしろ、それを求める過程自体が意義をもちうることを示唆している。Bさんはひきこもっていた間、一体なぜ自分が社会に出て行けないのかを考えに考え抜いたという。その間でさえ「頭で考える」よりも「体を動かすことが大事」だとわかっていたそうだが、「結局これじゃだめなんだっていう結論に行き着く」まで「体を動かす」ことはできなかったという。そのときに考えた内容は「何の役にも立たなかった」が、それでも「頭で考える」ということは「必要なプロセスだった」とBさんは振り返っている。

以上から示唆されるのは、自己について徹底的に問うことが、一見〈社会参加〉から離れていくことのようでありながら、実は〈社会参加〉への回路になりうるということだ。次に、Cさんへの再インタビューから、この可能性についてさらに考えてみたい。

「生きるってことをなめきってたな」——Cさんの場合

Cさんへの再インタビューは、二〇〇五年末に実現した。その時点で初回インタビューから約四年半が経過していたわけだが、その間の最もわかりやすい形での変化は、アルバイトを始めたことである。このときCさんは、喫茶店と学習塾でそれぞれ週一日、三、四時間ずつ働いていた。どちらも知人からの紹介で、前者は働き始めてから約三年、後者は半年になるところだった。

もう一つ特筆すべき変化は、服装である。この年の夏、CさんがTシャツにジーンズという非常にラフな格好でT会に現れたことに、私は驚かされた。かつてCさんにとって洋服は、「人格の根本の部分」を守るための「鎧」であった（［6―5］を参照）。再インタビューでこのことに触れると、服装は「確かに変わ」ったと認めながらも、いまでも自分を守ろうとする部分は残っているとCさんは答えた。いつもCさんは髪の毛を立てるようなセットをしているのだが、「これも一応鎧兜」なのだと、彼は冗談めかした。確かに別の場面では、「当時の〔自分をいじめていた〕連中がいま、幸せに、家庭を築いて、仕事してみたいな感じだったら、正気でいられるかどうか」わからないという、一瞬ドキリとするようなことも語っている［6―27］。しかし、以前ほどには人に対して「身構えなくなってきたのかもしれないな」と、自分で確認するようにうなずいたのが印象的だった。

以下は、再インタビューのなかで、Cさんにとって最も大きな気づきであるように感じられた部分である。

振り返って思うのは、僕に限っての話なんだけど、生きるってことをなめきってたな、と。（略）本来生きるってことはすごく過酷なことであるはずなのに（笑）うん、やっぱりすごく軽く考えてたなって。…もう、やっぱり、親がいるとどうしても何もしないでも食べていけて、何となく生きていけるから。本当にぬるま湯に浸かってる感じ。……うん………やっぱり何で働かなきゃいけないのかなって考えると、もちろん経済的なこともあるんだけど、うーん……

きちんと、うん、生き物としての本能が、働かなきゃいけないって思うんじゃないかな。生き物っていうのは生きてるだけで物を消費していくわけじゃないですか。（略）消費してるだけで、何も生み出さないっていうのは、何かやっぱりすごい引け目を感じるんですよね。やっぱり何らかの生産活動をしたいなって。［6―28］

そして、後日インタビューからの引用についてやりとりした際、「消費するだけ」の生活で感じる「引け目」について話し忘れたことがあると、Cさんは次のような文章を送ってくれた。

日々自分が消費している物の多くは、世の中のみんなの血と汗と涙の結晶で、その、ほかの人達がとても苦労して生み出したそれを消費するとき、自分もまた苦労して生産したもの＝自分のお金で交換しないと、なんか他人の命の上にタダ乗りしているような感覚が罪悪感をもたせるのかなって。［6―29］

このように、Cさんはかなり明確に、生と労働との結びつきを語っている。まず初めにあるのは「生きるってことをなめきってたな」という気づきだ。Cさんの両親は結婚が遅かったので、すでにかなりの高齢になっている。そのため最近いよいよ一人で生きていくことが現実味を増してきて、このことに改めて気づいたそうだ。また、こうした気づきはひきこもった経験から直接生じたというより、むしろ「人の生き死に」の問題が深く関わっているのではないか、とCさんは考えている。

C：でも、何だろう…ひきこもりっていうことからそっちをつかんでるんじゃなくって、別のところからそっちをつかんでるっていうことが、あるんですよね。（略）何かそんな感覚かな、あるような気が。うん。（沈黙）

I：うーん、何だろうなー。（沈黙）

C：だから、人の生き死にかなー。（略）やっぱり……死にたくないなら生きるしかないっていうか、自分が……自分がやっぱり、この体を生かすのはもう自分しかない。うん。……自分が生きることをあきらめちゃったらもう、死ぬしかないんだなっていうか。……そっちからのほうのアプローチですかね。［6—30］

このインタビューの数カ月前、Cさんは近しい人の死を経験して「かなり落ち込んでた」そうだ。その出来事と両親の高年齢化によって、Cさんは「生き死に」の問題に向き合わざるをえなくなり、「死にたくないなら生きるしかない」「この体を生かすのはもう自分しかない」という覚悟をつかむに至ったと推察される。そして、Cさんは次のようにして生と労働とを結びつけていったのである。すなわち、生きることはただそれだけで「物を消費していく」ということだが、「日々自分が消費している物の多くは、世の中のみんなの血と汗と涙の結晶」である。したがって、それを一方的に消費し続けることは「他人の命の上にタダ乗りしている」のと同じことになり、だから自分も「何らかの生産活動をしたい」のだ、と。

「働いてない人間」は「くず」同然だという意識から、「働け働け」と自分を追い立てていたCさん（［6―2］を参照）は、もういない。そうやって自分を追い詰め、アルバイトの面接を受けていた頃は焦るばかりで「空回り」していたと、Cさんは当時を振り返っている。しかし、いまでも焦燥感はあるものの、「空回り」することなく、着実に「自立」へ向かっているという感触を得ていることが、再インタビューの全体から伝わってきた。「この焦りが自分を動かしてる原動力の一つ」であり、もう少し「早いペース」で進みたいと思わなくもないが自分の歩調に合わせていくしかないと、いい意味であきらめている、もしくは腹を括っている、そんな印象を受けた。生きていくことを覚悟し、それに基づいて働くことに確かな意味を付与したことが、こうした変化をCさんにもたらしたのではないだろうか。

以上のような〝哲学〟は、「いろんな人の生き方」を「自分にも重ね合わせて」少しずつ組み立てたものだという。次に引用するのは、自分なりの納得に辿り着いたことには何が関わっているのか、改めて質問した部分である。

I：何かそのへんの…納得っていうか…妥協っていうかに、辿り着くまでの、うん、どういうような、うーーん、何か、道のりがあったのかなーって、すごい、やっぱり……

C：何だろう…うーん………………やってきたこととか見ると、非常に、うーん、（　）（笑）あとは、最近はインターネットでいろんな情報を、知らなかった情報を見られるようになったっていうのと。うーん……そんぐらいかな。でも、うん、やっぱり、リアルで

の人付き合いでの積み重ね……としか言えないような（笑）（略）
I：いま、ちょっとずつでも働いてるっていう自信みたいなものもあるのかもしれないんですけど、その何か、働いて…うーん、何ていうのかなー…ずいぶん、言うことが、ああ、やっぱり違うんだなっていうか、感じはあって。
C：うーん………うん、やっぱりいろんな人の生き方をリアルで見たっていうこと、しか思い浮かばないですかね。［6―31］

ここからは何よりも他者との「リアル」なつながりが、Cさんにとっては重要な位置を占めていることがわかる（ちなみに「リアル」というのは、再インタビューで何度も登場したキーワードである）。また、コミュニティで知り合った仲間との間に築かれた信頼関係についても、何度となく触れていた。ただし以下からは、「考える」という営みもまた大事であったことが読み取れる。「ニート」が注目を集めたことへの意見を求めたところ、Cさんは「ひきこもりのほうがかすんじゃったのが、ちょっと、残念かな」と答えた。

I：残念ってどんな感じ。
C：うーん……つまり、段階の部分があって、で、それを経てニート問題に、まあその、いきたいものが、やっぱりニートのことばかりが注目浴びちゃうと、この段階の部分で考えてたようなことが、すごいやっぱり抜け落ちちゃう。

I：その段階って？
C：うん、何だろ。自分の、あのー、いま言った時間のこととか〔動きだすためには長い時間が必要とされるということ〕…ひきこもったばかりの自分の心と、もう何年も何年もひきこもったときの心と、やっぱりずいぶん変わってくるよね。……そのへんのところがこう…かすんじゃうのかな。うん。ニートの問題だともうすぐに働かなきゃいけないってところにいっちゃうんだけど、最終的にはそこにいかなきゃいけないんだけど、うーん、そこにいくまでの過程の部分がやっぱり、何ていうのかなあ……あのー、あんまりやっぱり深く考えられなくなっちゃうんじゃないかな、っていう。［6―32］

ひきこもっている状態を抜け出してから働けるようになるまでには、それ相応の時間が必要とされる。そして、その間にさまざまなことを考えることで、ようやく就労の実現という課題に取り組めるようになる。しかし、「ニート」の概念に「ひきこもり」が回収されてしまうと、このプロセスがおろそかにされてしまう可能性がある。そのことが「残念」だと、Cさんは考えているのである。

なお、このなかでCさんは「段階」という言葉を使っているが、私自身は「ひきこもり」からの〈回復〉は段階的に果たされるようなものではないと考えている。次節では玄田有史の「ニート」に対する〝とりあえず働いてみる〟という処方箋が「ひきこもり」の当事者に及ぼす影響を論じながら、本書における〈回復〉のイメージを明らかにしたい。

5　問うという営みの必然性

玄田は「生きる意味とか働く意味とか、自分とはなんだろうか[9]」といった問いに拘泥しないほうがよい、と主張する。しかし、これらの問いが、まさにBさんやCさんが向き合ってきたものであることは言うまでもない。以上では、これらを問うことが、コミュニティを超えたより広い社会へと当事者を接続させる回路になりうる可能性を描いてきた。玄田は「働く上で必要なのは意味ではない。リズムだ[10]」と述べ、規則正しい生活を送り、遅刻せずに出勤できるようになることが就労の第一歩だと主張しているが、ここまで見てきた語りは、「ひきこもり」の当事者にとっては〈意味〉こそが重要であることを示唆している。

玄田が示す処方箋の根拠は本章第1節で述べたとおり、「ニート」とは「個性疲れ、自己実現疲れした若者[11]」であるとの認識から導かれたものである。しかし、玄田が前提とする若者像と、インタビューでの語りから描き出してきた「ひきこもり」の当事者像との間には、大きな隔たりがある。「ひきこもり」の当事者が諸々の〈意味〉を問うているさまを、いわゆる「自分探し」と同一視することはできない。とはいえ、玄田はあくまで「ニート」論を展開しているのであり、それが「ひきこもり」に妥当しないからといって批判するのは、お門違いというものだろう[12]。それでもあえて玄田の主張を取り上げて批判するのは、それが極めて常識的なものであり、〈社会参加〉している多くの人の声を代弁しているように思われるからだ。さらに、それが「ひきこもり」の文脈に引き付けて理解され、その処方箋が「ひきこもり」の当事者に適用されることには、ある弊害が伴うと考えているためでもある。その弊害について述べる前に、なぜ「ひきこもり」の当事者が諸々の〈意味〉を問うのか明確にしておきたい。

それは端的に言って、彼／彼女らが社会や他者への不信感や恐怖感、他者と交わって社会で生きていくことへの抵抗感や躊躇、さらには自己に対する不信感や確信のなさを抱いているためである。これは、Cさんのように明らかに他者から傷つけられ損ねられた経験をもつ人だけに当てはまることではない。AさんやBさんのように、そうした明白な経験をもたない人にも妥当する。第3章で、ある人がひきこもっていくのは、「ひきこもり」を否認する社会のまなざしから自らを守るためだと論じた。したがって当事者は社会によって〝ひきこもらされている〟わけだが、ここで重要なのは、彼／彼女らは「ひきこもり」に対して批判的な人々と同一の価値基盤に立っているからこそ、そうした視線を怖れるという点である。そして、その観点から自らを眺め、ひきこもった自分が社会に受け入れられるわけがないと感じ、社会から遠ざかっていくのだ。そのために、長期間ひきこもったことがある（ひきこもっている）人は、程度の差こそあれ、先ほど列挙したような感情を経験していると考えられるのである。

このことについては、玄田の「回転寿司理論」に対する上山和樹の批判的応答が理解を促してくれるだろう。おいしい寿司にありつくためには何より席に着いていることが必要だと説く玄田に対し、上山はこう答えている。すなわち、「ひきこもり」の当事者は寿司で「食中毒」を起こした経験があるから席に着くことさえできないのだ[13]、と。つまり、「食中毒」の中身は人それぞれ違っても、社会から苦しめられた経験をもつ人が社会を目指すには、〝とりあえず〟程度では全くどうにもならない。そういうことを上山は言いたかったのだと思う。また、そのような「食中毒」の感覚は、ひきこもる以前からすでにあったのかもしれないし、あるいはひきこもることで生まれてきたのかもしれない。だが、いずれにしても、自分のなかにあるさまざまな感情と折り合いをつけることなしに〈社会参加〉するのは、当事者にとってかなり難しいことであるのは確かだろう。

ここで重要になってくるのが、第3節で指摘したような〝問う〟という営みだ。すなわち、自己や労働や生について掘り下げ、またそれら相互の連関を明らかにすることを通して、玄田が斥けた「生きる意味とか働く意味とか、自分とはなんだろうか」といった問いに対し、自分なりの〝答え〟を出していくことである。この営みは多くの場合、次のような試行錯誤と並行していると考えられる。すなわち、仲間との信頼関係を築くなかで自信を取り戻したり、一方で働いていない自分を卑下したり、ときに働くことや生きることの意味を見失ったり、アルバイトを始めても長続きしなかったり、再度ひきこもってみたり、このような右往左往を繰り返しながら社会との接点を模索する過程である。

さらに、以上のような試行錯誤の中核には、諸々の〈意味〉を問う営みや、前章第5節や本章第1節で描いたような自己の再構成と受容を位置づけたい。私が思い描いている〈回復〉のプロセスは、これらの内的作業と〈社会参加〉に向けた試行錯誤とが、同時相即的に進んでいくようなイメージである。つまりは、試行錯誤を通じて得た経験が内的作業に跳ね返り、それがまた次の試行錯誤誤の一手を決定するような過程だ。

当事者の足跡を辿ってみると、彼／彼女らは決して〝対人関係の獲得〟から〝就労の達成〟へと直線的に進むわけではない。とすれば、以上のような試行錯誤こそを、「ひきこもり」からの〈回復〉と見なすべきではないだろうか。玄田の〝とりあえず働いてみる〟という処方箋に基づいた支援は、「ひきこもり」の当事者からこのような意味での〈回復〉の機会を奪ってしまう可能性がある。そればかりか、この処方箋を当事者自身が積極的に実践することは、その機会を自ら放棄することにもなりかねないのだ。なかには、〝とりあえず〟働いてみて順調に〈社会参加〉し続けられるケースもあるだろう。もちろんそれはそれでいいと思うし、そういったケースではあとからちゃんと〈意味〉もついてきているのかもしれない。しかし、〈社会参加〉する以前に徹底して〈意味〉を問うようなやり方が、もっと尊重されてもいいはずだ。そしてまた、〈意味〉を問わずにはいられない／問わざるをえないような状況があるということへの認識を、もっと深める必要がある。

では、さまざまな〈意味〉のなかで、最も基底的なものは一体何なのだろうか。言い換えれば、何を確かめることができたときに、当事者は社会へと踏み出していけるのだろうか。次章ではFさんとGさんのライフストーリーから、このことを考えたい。

注

（1）玄田有史『働く過剰——大人のための若者読本』（「日本の〈現代〉」第12巻）、ＮＴＴ出版、二〇〇

五年、一二六―一三二ページ
(2)玄田有史「ひきこもりとニート」「こころの科学」二〇〇五年九月号、日本評論社、四六ページ
(3)前掲『働く過剰』一三一―一三二ページ
(4)前掲『ニート』二四一―二四二ページ
(5)ただしT会などで定期的に顔を合わせていたので、おおよその状況は把握できていた。
(6)前掲『モダニティと自己アイデンティティ』七八ページ
(7)前掲『「ひきこもり」だった僕から』一五六ページ
(8)ただし二回目と三回目のインタビューでは、これとは異なった形で「世間並み」について語られている。二回目のインタビューで「世間並みは幻想にすぎない」という以前の発言について触れたところ、Cさんは恥ずかしそうに笑いながら「つっぱってるようにしか聞こえないな」「絶対心の奥底ではね、世間並みにあこがれてたんだよ」と語り、「世間並み万歳です」と前言を撤回した。さらに三回目のとき「世間並み万歳」という発言について尋ねたところ、確かに「世間並みは幻想だ」と言えるようになって楽になった部分はあったが、何年かして自分の状況を見ても「進歩」したとは言いがたく、「そのレール〔ここでは「世間並み」と同義〕から外れた現状を受け容れつつ（笑）そのレールがうらやましく光り輝いて見えるようになってきた」のだという。「もちろん〔レールに〕乗ってたら乗ってたで苦労はあるだろうけれども」、やはり「世間並み」にやっていくほうが「楽」なのではないか、と。ひきこもった経験を引き受け、現在の自分を受容しつつも、先の見えてこないやりきれなさが、この「世間並み」をめぐる語りに集約されているように思われる。
(9)前掲『子どもがニートになったなら』二三二ページ
(10)前掲『働く過剰』二四八ページ

（11）同書一三一ページ

（12）ただし、玄田の著書で名前が挙がっている支援団体の多くは「ひきこもり」の関連団体であり、彼が「ひきこもり」として支援されてきた層を「ニート」として描いている可能性があることは、指摘しておきたい。

（13）二〇〇五年三月六日に開催された講演会での発言。

第7章 生きていくことを覚悟する

1 「ここで決めよう、と思ったのね。生きていくか、やめるかをね」

Fさん[1]に「転機」が訪れたのは、高校二年生で学校に通えなくなってから約十二年後、二十八歳の頃である。それまでは「もうほんとにただただ苦しいっていうような状況で、ほとんど時間も動かないし、苦しさから抜けることもできな」かった。だが、特に三十歳を過ぎてからは「やっと、その、少し時計が動き始めたような、回復の過程が始まった」と言えるような気がする、とFさんはインタビューの冒頭で振り返った。

学校に通えなくなったときは「まるで事故に遭ったような感覚」で、これが原因だとはっきり言えるようなものは挙げられないそうだ。それでも強いて挙げるならば、生徒を管理する学校のやり方や、母親にコントロールされ続けたことからきたストレスであり、それによって体が動かなくなってしまったのではないか、とFさんは考えている。その後、父親の転勤のために別の高校に編入したが、その学校にも通うことはできず自分で退学届を出しに行った。このとき、親から反対を受けた記憶はないそうだ。その次は通信制高校に編入し、そこを卒業してからは東京の私立大学への進学を決めた。当時は地方に住んでいたため、東京に住んでいた祖父母のもとから通うことになったが、入学先が志望していた大学ではなかったことや体調が十分に回復していないこともあって、夏休みに帰省してそのまま退学した。

しばらくしてまた父親の転勤が決まり、今度は家族全員で東京に引っ越すことになった（この直前に祖父は亡くなったそうだ）。それからＦさんはスクールソーシャルワークの講座を受講し始め、あるワーカーと出会った。その人は当時注目を集めるようになっていたフリースクールの支持者でもあり、そこでの出会いは彼女にとって「すごく大きかった」という。まず、「世界にこんなことをしてるのはあたししかいないと思っていたのが、そうではないと知った」こと、そして「仲間がいる、おんなじような人がいるし、わかってくれる人もいるし、あなたは悪くないと言ってくれる人がいたんだっていう」こと、この二つが大きな救いになったそうだ。

ところが、やがてＦさんは、そのワーカーやフリースクールに「違和感を感じるようになってしまっ」た。というのも、子どもが不登校になったとしても「母親の育て方が悪いわけではない」ということを、彼らが強く主張していたからだった。Ｆさんもそのワーカーから「親は悪くない」と「思い込まされたっていうか、そうなんだと思っちゃった」が、二、三年たつうちに「あたしの場合は、やっぱり母だと。母との関係が絶対おかしい」と強く思うようになったのだという。

Ｆさんの母親は何事も自分の思うとおりにならないと気がすまない人で、Ｆさんは長女だったこともあって徹底的に管理されて育った。具体例を挙げ始めるときりがないそうだが、一つ挙げられたのは服装の話だった。Fさんは高校生になるまで、その日に着ていく洋服さえ自分で決められず、母親の用意したものを着せられていたという。だが、その頃はまだ自分が「子ども」だったため、そうした母親との関係に問題があるのだと思えるようになるまで、だいぶ時間がかかってしまったと彼女は語る。

さて、スクールソーシャルワークの講座を受け始めたのと前後して、Fさんは塾で事務のアルバイトを始めた。まだ体調は万全ではなかったが、それと並行して「母とのバトルを繰り広げ」「内面での作業」も「かなり激し」くおこなっていた。それで疲弊しきったのか、二十六歳の頃、学校に通えなくなったときと同じように身体が動かなくなってしまったそうだ。それからFさんは、二年ほど「わりと完全にひきこもって」毎日を過ごした。

「わりと完全に」というのは、その間も全く友人との付き合いが途絶えていたわけではないからだ。好きなアーティストのコンサートに一緒に出かけるなどしており、Fさんはそこで「エネルギーを補給」していたのだという。このことからもわかるように、Fさんは対人関係で悩んだことは、ほとんどない。たとえば、高校に通えなくなってから父親の転勤で引っ越すことになったときも、クラスのほとんど全員が見送りに来てくれたという。彼女の場合、相手が母親であれ学校であれ、コントロールされることへの激しい拒否感が根底にあったのではないかと考えられる。

ひきこもっている間も母親との応酬は続いていた。それはFさんにとって、自分のなかで崩れ落ちてしまった何かを「一つ一つ積み上げる」作業でもあった。ところが二十八歳の頃、Fさんは

「もう生きていけない」というところまで追い詰められた。

やっぱり二、三年くらいのなかで、ちょっと危機的な状況っていうのが、ひきこもった時期っていうのは、ほんと訪れて。で、そこで、あのー、あたしはあんまりそんな死にたいとか思ったことがない、全然ないんだけれども、一回だけ、やっぱりそのときに、死にたいじゃなくて、もう生きていけないなと。あまりにもつらいし、生きていく何ていうのかな、希望みたいなものも全く見えないし、で、これは死ぬしかないんだ、死にたくはないけれども、もう生きていくこともできないっていうふうに、かなり深刻に思い詰めて、ああもうやめようと思ったのが、ちょうどその二十七とか八の頃だったのね。［7―1］

しかし、Fさんは死ぬことを「実行には移さずに」、そのまま数カ月を過ごした。この少し前、Fさんは五年ほど通っていたカウンセラーを離れ、別の精神科医のもとに通い始めていた。その医師に「一回もうやめたいっていうようなことを言ったら、やってみたらいいですね」と言われたそうだ。その言葉は決してFさんを突き放すようなものではなく、生きるのを「やめたい」という自分の訴えを認めてくれたように感じられ、その医師への信頼がより深まったという。その医師とはいまでも親交を保っているようだ。

だが、その医師にそう言われても実行に移すことはできなかった。あるミニコミ誌でのインタビューでは、そのときは「行動に起こせる体力も気力も無い位に横になっていた」と語られている。

そうして三カ月ほどが過ぎた頃、Fさんのなかである変化が生じた。

ここで決めよう、と思ったのね。生きていくか、やめるかをね。で、生きていくのだとしたら、その、当時あたしが怖かった、人を傷つけるとか、人から傷つけられるっていうことが、その頃ものすごく怖くって、でも生きていくってことはそれを引き受けていくってことなんだと。で、それを覚悟しなきゃいけない。で、それができないのならば、もうここで終わろうと、思って。それがやっぱり、決めたんだよね、自分のなかでやっていくっていうほうをね。どうしてそういうふうに思ったのか、わからないんだけどさ。（略）何かこう、はっきりと決めたよりは、心の奥の方で静かに、そのとき決めたっていう感じかなー。［7―2］

こうしてFさんは、「生きていく」ことを「覚悟」した。人に傷つけられ、また人を傷つけることもあるかもしれない。それはとても恐ろしいことだが、自分はそれを「引き受けて」生きていこう、と。それは、とても「静かな思い」だったという。しかし、「その後ずっといまに至るまで、あのときのことって非常に大きいと思うのね。その、覚悟するってことがね」と、Fさんは穏やかに語った［7―3］。

それからほどなくして、彼女はデパートでお歳暮の伝票管理のアルバイトを始めた。その後は図書館で働くようになり、数年後には司書の資格も取得した。そして、この間に「朝日新聞」の特集記事で「ひきこもり」を知って、まさしく自分はこれだったのだと衝撃を受けたそうだ。この言葉を耳にしたことはそれ以前にもあったかもしれないが、自分のなかに入ってきたのは、それが初めてだったという。そして、担当記者だった塩倉裕に手紙を出し、特集記事が書籍化された際の出版記念パーティーにも出かけた。そこでFさんはある女性と出会ってS会に参加するようになり、二〇〇三年に閉会するまで毎回欠かさずに参加した。

だが、そうやってさまざまな活動を続けながらも、Fさんのなかで苦しみは続いていた。ようやく一区切りついたと思えたのは、三十六歳になった頃だという。このことについて、Fさんは前述のミニコミ誌のなかでこう語っている。

そんなこと〔今後何があっても「それは私の本当に気持ちのなかの大事なところを直撃するような痛みではないんじゃないか」と思えるようになったこと〕言ったって安心してるわけじゃないんだけど。生きづらさも変わらずにあるし。でもなんかちょっとこう、十九年たって、ようやく本当にもう、一つの終わり、終わりにしようかなと思えるような気持ちになったのね。それはほんとに自然とそういうふうな気持ちが出てきたわけだから、きっかけがあったわけではないし、そう思うと思って思えるものでもないしね。なんとなく薄ぼんやりとそういうことを思ったのね。［7―4］

現在、FさんはS会で知り合った人のつてで医療事務の仕事に就いており、二〇〇五年には同じくS会で知り合った男性（彼もひきこもった経験をもつ）と結婚した。はたからは順調に〈回復〉を果たしたケースの一つとして扱われがちだろう。だが、そこに辿り着くまでに、Fさんは二十年以上もの歳月を費やしているのだ。しかも、「霧が晴れた」とはいえ、彼女はいまなお浮き沈みを続けている。それでも自分の気持ちに無理がないところで生活できるように、いろいろと折り合いをつけ、工夫を重ねていることが、常に彼女との会話の端々からは伝わってくる。

2 「突然、生きたいって、体の声を聞いて」

Gさん(2)が胸の奥から湧き上がるようにして「突然、生きたいって、体の声を聞い」たのは、四十歳になる少し前、ひきこもりがちな生活を始めてから実に十五年近くたった頃である。Gさんは、高校生の頃から社会に出て働くということに対して恐怖感を抱いていたという。そのように思い始めた理由は明確にはわからないとしながら、四、五歳の頃に会社員として働いていた父親が体調を崩して入院したことが関連しているのではないか、とGさんは語った。

Gさんは大学を卒業してから十三年間ひきこもった経験をもつが、大学在学中から「ひきこもりがある意味始まっちゃってた」という。他大学に通っていた友人とバンドを組んでその活動に熱中し、やがて自分の在籍していた大学にはほとんど通わなくなっていった。そして、バンドの練習がない日も自宅で「ただでれーっとして一日過ごす」ことのほうが増えていった。「それが高じて、とうとう単位が足りなくなって」留年することになり、Gさんは親に大学を「辞めちゃおうかな」

と話した。しかし、「家計簿切り詰めてお前を大学に、しかも私学にやったのに、ここで辞めるなんて絶対に許さない」「中退、なんていうのはね、行ってないのと一緒なんだから、卒業しなきゃ意味がないんだから」と言われて、七年かけて大学を卒業することになった。

このようにGさんの気持ちが大学から離れていったことには、志望していた学部に進めなかったことも関係しているようだが、それよりも就職の時期を少しでも遅らせたいという心理がはたらいていたようである。Gさんは大学を卒業して就職していく自分を思い描くことが、どうしてもできなかったという。

ところが、おれ自身がじゃあ、みんなと同じように就職できるのかなって思ったら、何で大学に通えなかったのかっていうと、一限出なきゃと思って電車乗るでしょ？　もう、＊＊＊＊〔電車の路線名〕で、やっぱり通ってたから、（もみくちゃにされている様子を体で表現しながら）こんななんですよ。すんごい込んじゃってて。これをね、大学を出た後も、もしサラリーマンになるしかないとしたら、何十年もね、電車にもみくちゃにされて、学校行くだけで疲れてたから、（心底疲れたように）うわーやっと着いた、これをずーーっとサラリーマンでやってたら耐えられない、無理だなと。おれできない、こんなこと。反対側に乗ってね、海のほうに行っちゃいたいなーっていう、のがずっとあって。だからね、だんだん大学行くのいやになっちゃって、っていうのがあるんだよね。［7—5］

さらにもう一つ、ひきこもったことに関係がありそうな出来事として、Gさんは次のようなことを話してくれた。大学四年生の頃、一人暮らしをしていた母方のおじが亡くなったときのことである。ほかに身寄りがなかったため母親と二人で遺体を引き取って火葬場に連れていったが、Gさんはそのとき見たおじの死に顔に「すごいショック」を受けたという。それからしばらくして、通学途中におじの住んでいた駅を電車が通り過ぎたとき、心臓が突然「バクバク」と鳴り始め、「気持ちが悪くなって」しまった。おじの死が「引き金かどうかわかんないけど」、それ以降も同じようなことがときどき起こるようになって、Gさんは電車に乗ることに不安を覚えるようになった。その頃はすでに自分から友人を遠ざけ、ひきこもっていく過程にあったといい、そうやって電車に乗れなくなったことも行動範囲を狭める一因になった。

だから、ひきこもってる過程で、電車に乗るとまたあれになったらやだなーって思うと、こう、避けてしまうでしょ？　そうすると近場しか行けないじゃないですか。歩いて行けるところとか、自転車で行けるとことか。で、だんだん、だから、出かけられる範囲が狭くなって。で、自分自身も不安があって、社会に出なきゃいけないけど、でも、出るの怖いし、自信ないから。いまはとにかくもう、そんないっぱいいっぱいな状態で、とても動けない、身動きがとれないから、先へちょっと延ばそうと、いうことで、大学を出てすぐには就職をしないで、もうちょっとね、自分を見つめ直すからと、親にも言って。［7―6］

こうして、社会に出ることへの恐怖や自信のなさからGさんの足は大学から遠のいていった。そして、卒業するときも親には「自分を見つめ直」したいと話して進路は決めずにおいたが（ちなみに当時はバブル期で就職に困るようなことは決してなかったそうだ）、実際は「見通しなんか何にもなかった」。そして、「一人になって、孤独になって、そっから仕切り直そう」という思いから、友人から連絡があっても「一切返事を出さないで、ぜーんぶ〔付き合いを〕切っ」ていった。卒業後しばらくは図書館などに行っていたが、うつ状態に陥ったこともあって徐々に睡眠時間が長くなり、昼夜逆転の生活になっていったという。起きている間中、先のことを思い悩んだり、自分を責めたり、いろいろ考えすぎて自暴自棄になったりしているうちに、思考も麻痺していった。

そのとき父親はすでに定年退職していたので、Gさんに「しっかり」してほしかったというが、やがて「あれはしょうがないという感じで」「あきらめモード」になっていったそうだ。一方、母親はそんな父親を「無理やり連れて」カウンセラーのもとを訪ねたこともあった。しかし、いまでこそ「ひきこもり」が広く認知されてカウンセラーの対応もだいぶ柔軟になっているが、当時は「当人連れて来なきゃしょうがない」と、すげなく帰されたという。また、Gさん本人も一度だけ精神科を訪ねたことがある。もともと読書好きだったGさんは、さまざまな本を読み漁っていくなかで「退却神経症」や「ピーターパン・シンドローム」を知り、自分のことだと思って夢中になって読んだそうだ。そして、独力で何とかしたいという気持ちが強くあったものの、これはもう誰かに助けてもらうしかないと、Gさんは思いきって精神科を訪ねた。ところが、医師には「若いときはみんな悩むんだから、がんばんなさい、って感じで、取り合ってもらえなかった」。それで自分は病気ではないのだと思って「ホッとはした」が、「じゃあ、何なの？」「どこに相談にいったらいいかとか、誰に救いを求めていいの？」と途方に暮れてしまい、「やっぱ自分で一人で何とかしなきゃなんないな」という思いを強める結果に終わった。これが二十六歳くらいのことだという。

それから二十代後半は、中学時代からの友人とごくたまに会ったり、飼っていた猫をかわいがったり（ときに八つ当たりをすることもあったそうだが）、テレビ鑑賞やゲームに没頭したりして毎日を過ごした。ところが、三十歳になった頃、もう関係が切れてしまってもいいと思っていた友人たちの結婚式に立て続けに招待されることがあった。そして、その最後にいちばん親しかった友人が結婚したとき、「おれ何にもしてないな」と自分を反省し、再び外出するようになったという（ただし、その友人たちとは間もなく付き合いが途絶え、猫も死んでしまったために、三十代は「一人ぼっち」だったと振り返っている）。

最初のうちは自宅付近にしか出られなかったが、行動範囲は少しずつ広がっていった。ところが、「全然それが、その次のステップにね、つながらなかった」とGさんは語る。

具体的に人と出会ってなかったっていうことと、ほんとに心の底からね、働きたいなーとか、アルバイトしたいなーって思ってなかった。やっぱり自信がなかった。うん。で、もう、ある意味ね、なんつーのかな。猫じゃないけどね、家にいるっていうこと自体に依存してる状態だから、家から出ると不安でしょうがなかったのね。一刻も早く家に戻りたいのね。ほんとは内心。それでも出なきゃと思って出てるから、すっごく出かけてる間中不安なの。穴ぼこが足元に空いたようなね、不安になって。冷や汗もずーっと出たりとか。で、ものすごく、別に二日酔いがひどいとかね、胃がものすごく悪くて胃潰瘍になったりとかじゃないのに気持ち悪くなったりとか。何でこんなに具合悪いのかなって当時はわかんなかったけど、いま、振り返れ、冷静に振り返れば、やっぱり、自分の心を家庭に、家に置いて、体だけ、無理やり出してる。〔〝～したい〟ではなく〕なければならないで。何とか外に出なきゃって。［７―７］

「人間関係はないし、夢も希望もね、ほんっとにね、もって、そこから一歩踏み出そうっていうものを作れな」いまま、Gさんは数年を過ごした。その間も本は読み続けていたが、「その瞬間は元気になる」ということはあっても持続はしなかった。

そうしたなか、母親が民生委員として働くことになって、Gさんは食事作りと買い物を担当するようになった。それからは「気がついたら時間が経ってたってのが正解」だという。また、家事をするようになってからは精神的にも安定したそうだ。それまでは〝何をしているのか〟という質問に対して、法学部出身だったので司法試験のために勉強をしていると答えていたが、常に後ろめたさがつきまとっていた。それが家事を始めてからは、実際に聞かれるかどうかは別として「一応家事手伝いって言える」ようになった。また、月に一万円を親から受け取るようになって、「一万円がおれの給料だと。年収十二万円つって。で、そういう意味では安定」したのだという。

その頃には「ひきこもり」という言葉も新聞で見かけるようになり、父親から「朝日新聞」での特集記事を手渡されたこともあった。だが、ある程度は外出もしているし、家事もやっているということで、「おれはひきこもりじゃない」とはねつけていたそうだ。そうやってGさんは長らく「ひきこもり」という言葉には否定的な態度をとっていたが、あるときその言葉を使って自分について語ることを決めた。それは三十代の終わり頃、ネット・ゲームを介して知り合った女性に対してである。

当初Gさんがゲームを始めたのは現実逃避のためだったが、結果的にはそれが「人との関わりの再構築」のきっかけとなって「現実の世界に気持ちが向いてった」そうだ。しばらくしてGさんはネット上で出会った女性に好意を抱き、頻繁に連絡を取るようになった。だが、自分の詳しい状況を知らせることはできず、ましてや直接会う勇気など出るはずもなかった。だが、やがてGさんはその女性に、自分がずっとひきこもっていることを伝えようと決心した。「自分の年齢と、いまの状況を、知ってほしいから、ほんとは言いたくなかったんだけど、無職っていう言い方よりも、何かひきこもりっていうね、いちばん自分にとっても正直に伝えてるから、っていう感じがして」、初めて「ひきこもり」という言葉を使ったのである。彼女はそのメールを受け取って「露骨に引きもせず、無視もせずに、あーそうなんだ」と認めてくれたそうだ。だが、それ以上に関係が発展することもなく、半年ほどは一緒にゲームをしていたものの、やがて連絡は途絶えた。

その女性に、ひきこもっていることは受け止めてもらえても恋愛対象としては見てもらえなかったことで、Gさんは食事もとれないくらいに落ち込んだ。しかし、ある日突然、あるものがGさんのなかでこみ上げてきた。

そのなかでおれが激しく落ち込んで、飯が食えないくらいに落ち込んだときに、ここらへん〔胸のあたり〕から、突然、生きたいって、体の声を聞いて。で、ほどなくしてから、ふっと、相談に行こうかなーって。誰かにね、助けてって言いに行ったほうが、っていうか。そう思えたのも、その子のこと好きになって、やっぱり、人を好きになるなんてことはないだろうって思ってたからさ。（略）感情を、抑えるような癖っていうかね、激しくうれしいとか、激しく腹立つとか、そういうのがない。淡々と、っていうね、こう、起伏のない生活っていうのに自分を慣らしちゃってたから、だからそんな好きになるなんていうのはね、ふられて落ち込むとか、だから、すんごい自分にとっては大きな、こう、揺れがきたんだよ。そのときに、だから、何が大事なのかって、体のなかから出たんだね、きっとね。［7―8］

それまでGさんは、ずっと他者との関わりを遠ざけ、一人で生きていこうとしていた。しかし、この女性との出会いを機に、やはり人と関わって生きていきたいという思いが突き上げてきたのである。先ほど〝〜しなければならない〟という義務感だけで動いていたため、外出するのが非常につらくなってしまったというエピソードを紹介したが（［7―7］を参照）、Gさんはこのときようやく〝〜したい〟という欲求を自分のなかに感じることができたのである。

このことについて、後日もう一度インタビューを申し込んで話を聞いた。「生きよう」という意思が生まれ出てくるまでの過程をもう少し詳しく教えてほしいと頼むと、家事とネット・ゲームをするようになったことが、どれほど大きいことであったのかをGさんは丁寧に語ってくれた。長くなるが、わかりやすい説明なのでそのまま引用する。

何があったっていうよりも、だんだんね、あのー、生活してってて、繰り返しじゃん？　生活ってて。朝起きて、飯作って、買い物に行って、帰ってきてまた飯作って、酒飲んでだいたい寝る、みたいなさ。それをこうやってたら、ある日ふと思ったのね。これも仕事だと。家事労働という仕事をおれはしているなーって。人間関係は家族しかないけど、ちっちゃな零細企業なんかだったらそれも当たり前だし。職人みたいな人だったらごく限られた人としか付き合いがないっていうことがあるなかで、おれがやってるのは、家事労働というのも仕事だなーって思ったら、逆にそこから、ちょっと、あの、考え方が頑なだったね、働くなんて絶対やだって言ってたんだけど、でもおれいま働いてるじゃんって。で、ネットゲームもさ、あれ働いてるって言ったっていいんだよね。遊んでんだけど、チーム組んで、決められたことやるのって、みんなで役割分担してやって、終わって帰ってきて、お疲れさまでしたーって離れてくわけさ。やってることは仕事なんだよね。遊びなんだけど。遊びの形態で、ま、仕事に通じるものをやっててさ。だから結局、何かをやるっていうのは、全部遊びとか仕事とかっていうふうにがちっと切り分けてっていうことも本当はできないのかなーって。やってることは、あの、その局面では仕事と呼ばれることであれ、遊びと呼ばれることであれ、自分が頑なに拒否してきたけど、でも実は自分はすごいやってるんだっていうことに気がついて。不思議だよね。だって、否定してきたことだから、自分のなかで。絶対やれない、やらないって言ってたことを、結構喜んでやってる。喜びを見出しつつやったりとか、工夫してみたり。……だから、一人でいいやって思ったの、ほんとに。もう友達もいらないし、恋人もいらないし、（略）って思ってたの。でも、どうもね、そう言い続けてる自分が、どっかさ、心のなかでね、ほんとにそうかな？っていうふうに思い始めたの。そうやって人とまた何かをし始めて、仕事観っていうのが自分のなかで変化してきて。だから、繰り返しやっているうちにそういうことがわかってきたっていうか、時間がかかっちゃったんだよね。［7―9］

つまり、こういうことだ。Gさんは学生時代から働くことに対して恐怖感をもっていたが、そこで抱いていたイメージは非常に限定的な（しかし一般的な）ものだった。企業に就職し、満員電車に揺られて一、二時間ほどかけて通勤して、定時過ぎまで残業し、疲れきった体を引きずって夜遅くに帰宅し、また翌朝同じように出かけていく、といったところだろう。ある家族向けのセミナーでは、「働くことに自分の時間をとられるのがとても怖かった」ということも語っていた。しかし、三十歳を過ぎて家事を担うようになり、月に一万円を受け取るという生活を数年続けていくうちに、Gさんはあることに気づいた。労働の代価として金銭を支払われ、毎日あるパターンに従って規則的な生活を送るという点では、自宅で家事労働をするのも、企業に所属して労働するのも変わらないではないか、と。また、ネット・ゲームも、複数の人々が集まり、役割分担をし、ゲームをクリアするという共通の目標を達成するという点では、働くことに通じるものがある。ただ決定的に違うのは、（家族以外の）人間と関わっているかどうかという点だ。

こうして家事をしたり、ネット・ゲームをしたりするなかで、Gさんの「仕事観」は徐々に変化していった。そして、高校時代（あるいはもっと前）から恐れていた「働く」ということを、自分がやれているということに気がついた。それならば、もう少し広い世界に出て他者と関わりながら働き、生きていこうと自然に思えるようになったのである。

その後のGさんは、「いままでずーっと鋼鉄の鎖か何かで自分自身を」縛りつけていたのが「ポーンと外れたから、わーっとそのまま走りまくるみたいな感じ」でさまざまな場に出かけ、多くの人々と出会っていった。それがこのインタビューの二年ほど前のことである。まずGさんは保健所に赴き、そこであるNPO団体を紹介され、さらにその団体と交流のあったNPO団体が開いていた親の会に出席して経験談を語り、食事会にも参加した。それからは初めて関わったNPO団体のスタッフとして活動するようになり、並行して公的施設の非常勤職員として働いた時期もあった。

ところで、Gさんが前述の食事会に初めて参加した日、たまたま私もそこに居合わせていた。大きな声で快活にしゃべる彼を見て、まさか二カ月ほど前に出てきた人だとは思いもよらず、どこかのスタッフだと思い込んでいた。その後、彼と共通の友人から「あの人は当事者なんだよ」と教えられて、ひどく驚いたことを記憶している。そのことに私が触れると、「緊張はずっとしてた」けれども、いままで抑えつけていたものが一気に弾けて、緊張感よりも「どんな人と会えるんだろう」という好奇心のほうが勝っていたのだとGさんは教えてくれた。

さて、右の引用でも語られているように、Gさんは同じことを繰り返しやるということに大きな意味を見出している。そうしたなかで「仕事観」も変化していったという話題が一段落したあと、ひきこもっていた間どのようなことを考えていたかということを、改めて尋ねてみた。するとGさんは、「昔のことを思い出して、悔しさをもう一度リフレインしたりっていうことだったり、これからどうしようっていって、どうしよう、どうしようどうしようどうしようどうしようもない、ほんとに堂々めぐりでぐるぐるぐるぐるして」いたと、過去への後悔と将来に対する不安と激しくさいなまれていたことを語ってくれた。

さらには、「生きてる意味っていうのは考えざるをえ」ず、当時は「プチ哲学者」になっていたということもGさんは語った。この問いに対する一応の結論が得られたのは、三十五歳頃だという。「納得のいく、腑に落ちるような理由だとか、意義だとかっていうのって、そんな簡単にないし、あったと思っても幻かもしれない」。それならば「ただ生きて、ただ死ぬ」ということに尽きる――これが彼の出した答えだった。そこに辿り着くまでの詳細なプロセスは省くが、Gさんがこの結論に達するのは「二十でも無理。三十のそのきっかけ〔友人たちの結婚式〕があったときも無理だった」としている点に着目したい。では、なぜ三十五歳のときだったのだろうか。

何で三十五かかっていうと、それだけの時間、日々、心臓が動いて、胃が動いて、排泄をして、繰り返して、生きてきた時間が必要だったと思う。その時間がないと、そこに行けなかったたっていうかさ。［7―10］

三十五年という時間を経たからこそ、「ただ生きて、ただ死ぬ」という結論に辿り着けたのだと

Gさんは語る。これと同じように、いま人とつながれているのも四十年生き続けてきたからだと考えているようだ。車の運転に徐々に慣れていくのと同じで、自分はそれだけの時間をかけてようやく生きることに慣れてきたのだと思う、と。

Gさんはこうしたことを、「ひきこもりの問題とは違うレベル、次元の違う話」と位置づけている。実際Gさんは、自分が「ひきこもり」かどうかということに、ほとんどこだわりをもっていない。彼にとって何より重要なのは、〝どう生きていくか〟という問題なのだろうと思う。「ひきこもり」の当事者を名乗ったのも、それでさまざまな人や活動とつながっていくチャンスが生まれるからだ。Gさんにとって「ひきこもり」というラベルは、そうやって自分の世界を広げるのを助けてくれる、道具のようなものと言えそうだ。

二〇〇七年七月、Gさんは三年ほど関わってきたNPO団体から「卒業」した。「ひきこもり」の当事者として活動することに興味をもてなくなってしまったようだ。Gさんはいま、次の一歩を踏み出そうとしているところにいる。

3 生きていくことを覚悟する

FさんとGさんのライフストーリーからは、次のような示唆が得られる。まず、両者ともに、時間をかけて深く内面を掘り下げ、その過程で〝はたして自分は生きていくのか。生きるのだとすれば、〝どう生きるのか〟という問題に向き合わざるをえなくなったことを語っている。このことは、当事者が直面しているのは（もしくは最終的に行き着くのは）〝〈社会参加〉する／しない〟ではなく、〝生きる／生き（られ）ない〟という水準の葛藤であることを示している。ここから、当事者にとって基底的な〈意味〉として、生きることの意味を位置づけることもできよう。

だが、FさんとGさんが最大の転機として語ったのは、生きることへの意思を自らのなかに認めたということであり、それがいまに至るまで大きな支えになっていることがうかがわれた（たとえば［7―3］を参照）。ここから、生きることを覚悟するといった〈意思〉を認めることが、〈意味〉以前に必要なものとして位置づくのではないか。前章で見たCさんの語りを見ても（［6―28］［6―29］［6―30］を参照）、「生きていくしかない」という〈意思〉を起点として、生きることや働くことの意味が編まれていったことが読み取れる。つまり、前章の最後に提起した問い――何を確かめることができたときに、当事者は社会へと踏み出していけるのか――に対しては、生きようという〈意思〉がその答えとなる。Aさんもまた二〇〇四年のインタビューで、ひきこもってしまった自分は「箸にも棒にもかかん」ないかもしれないが「何とかするしかない」し、「どうやっても生きていこうとは」思えるようになったと語っている［7―11］。Aさんは「生きることに執着し始めてる」とも語っており、こうした「執着」をもてるようになることは、何らかの困難に行き当たり挫折してもなお人生を歩んでいくためには、とても大切なものだと思う。

ところで、第4章の終わりで「「未来の」感覚」をもてるようになることが、ひきこもった苦しみと折り合いをつけていくうえで大きな役割を果たしうるのではないか、ということを述べた。第

5章と第6章の議論からすれば、自らの来し方行く末を見定められることとして、その感覚を捉えることもできる。だが、Aさん・Cさん・Fさん・Gさんの語りを踏まえたとき、明日も、明後日も、一ヵ月後も、一年後も……生きている自分をイメージできるようになることとして、その感覚を理解することができるのではないか。このような感覚は、「ひきこもり」からの〈回復〉を再考する際に大きな手がかりとなるだろう。

また、「ひきこもり」を若者の自立問題の文脈に置いたとき、こちらの感覚がより重要性を帯びてくる。その文脈で「ひきこもり」は、学校から職業社会へと直線的に移行していくような、標準的なライフコースからの逸脱と見なせる。しかしいまの日本社会では、そうした移行経路から外れた人々をすくい上げるシステムは整備されておらず、いったんひきこもれば元のコースに戻ることは許されない。にもかかわらず、ひきこもり続けるのは忍耐力の欠如や精神的な弱さのためだと周囲から責められ、それと同じように自分を責め続けるうちに、当事者は自身の存在価値を根本から疑い、生きること自体を問わずにいられなくなる。彼／彼女らは幾重にも折り重なる困難を抱えながら、先行きが不透明ななか人生を自分の手で切り開くことを余儀なくされているのである。こうした困難な状況を生き抜いていかなければならないのが現状であるならば、そこでは今後の見通しを具体的に描けるようになることではなく、どういった形であれ生き続けている自分を想像できるようになることのほうが、より大きな意味をもつだろう。こうした厳しいまなざしや将来の不透明さは、「ひきこもり」に限らず自立が困難になっている層に共通する問題であり、さらにはこれから自立を目指していく若者全般にも当てはまる。とすれば、いま述べたような意味での「「未来の」

はずだ。

感覚」の重要性を認識することは、若者の自立問題に取り組むうえでも、極めて重要になってくる

さて、個々の当事者の歩んできた長い道のりを辿ってくると、その経験を「ひきこもり」という枠に押し込めることが、無意味なようにも思えてくる。そして、ひきこもっていた一時期だけを取り出し、そこからの〈回復〉を論じることが、浅薄なおこないであるように感じられてしまう。彼／彼女らは「ひきこもり」云々ではなく、ただそれぞれの人生を歩んでいるだけなのだ。これは改めて考えてみると当たり前のことなのだが、「ひきこもり」について調査するという名目でコミュニティに関わってきた私にとっては、非常に大きな気づきとなった。次章ではこうした観点から、ここまでの議論全体を踏まえて、「ひきこもり」およびそこからの〈回復〉は一体どのようなものとして理解されるのかを論じる。

注

（1）一九六六年生まれの女性。二〇〇五年十一月二十六日に実施。両親と妹二人、祖母の六人家族。

（2）一九六四年生まれの男性。二〇〇六年一月二十二日、同年三月二十六日、〇七年七月十二日に実施。両親との三人家族。

第8章 「ひきこもり」再考

1 存在論的不安としての「ひきこもり」

〈実存的疑問〉への直面

「ひきこもり」とは何か。どうなれば〈回復〉したと言えるのか。なぜ当事者は〈社会参加〉できない（しない）のか――本章では、これらの問いに対して答えを与えたい。最初に、本書後半の議論を確認しておこう。

まず明らかになったのは、仲間との出会いは長らく孤立していた当事者に大きな安心感をもたらすものの、それだけで自己否定感が解消されるわけではなく、現在に至るまでの道筋を辿り直すことが自己の受容につながること。だが、ひきこもっていた頃とは異なる形でのジレンマが生じ、それが〈社会参加〉を阻んでいるということだった。そして、生きることや働くことの意味、自分自身の存在を徹底して問い、社会、他者、自己に対する諸々の負の感情に折り合いをつけていくことが、当事者を〈社会参加〉へとつなぐ回路になりうることを見た。次いで二人の当事者のライフストーリーから、自己や労働や生の〈意味〉ではなく、生への〈意思〉を自らの内に認めることの重みを描き、当事者が向き合っているのは〝はたして自分は生きていくのか。生きるのだとすれば、どう生きるのか〟という問題であることを指摘した。本章での議論の足がかりとなるのは、こうした〈社会参加〉の次元にはとどまらない問題である。

その問題はギデンズが「実存的問題」と呼んだものと重ね合わせることができ、それは存在論的不安／安心の感覚に結びついている。以下では、ギデンズの議論を参照しながら、「ひきこもり」とそこからの〈回復〉を論じたい。まずはギデンズの主張を確認することから始めよう。

実存的問題とは、通常であれば隠蔽されているが、何らかの危機に晒されたときに剝き出しになるような実存的な問いである。ギデンズによれば、「実存的問題に無意識や実践的意識のレベルで「答え」を持っているということ」が「存在論的に安心であるということ」[1]だ。逆から考えると、実存的問題を常に直視し、答えを与えられないでいるということが、存在論的に不安だということになる。なお、ギデンズの議論では実存的な問い自体と、それを喚起する問題や現象とが明確には区別されていないため、以下では前者を〈実存的疑問〉、後者を〈実存的問題〉と呼ぶことにしたい。

さて、〈実存的疑問〉に「無意識や実践的意識のレベル」で答えるとは一体どういうことか。まず、会話を例にとってみよう。会話している相手から〝本当に私の言っていることがわかっているの？〟と尋ねられて、すぐさま〝もちろんわかっているよ〟と自信をもって答えられる人はいないだろう。自分の理解が本当に正しいのかどうか、そんなことは誰にも確かめようがないからだ。しかし、会話が続いているのだとすれば、それは相手の言っていることを、実践的には不都合のない程度に理解できていることになる。このように会話が続いていること自体が〝本当にわかっているの?〟という問い、すなわち他者理解をめぐる問いへの答えになるということ、これが「無意識や実践的意識のレベルで「答え」を持っているということ」であり、存在論的に安心であるということだ。

ギデンズはまた、こう述べる。「誰も相手の考えていることに直接接近できない以上、意地の悪い考えが相互行為の相手の心のなかにどんな場合にも生じないと、感情的というより論理的に確信《できる》人など、ひとりもいない」[2]。にもかかわらず、私たちは普段このような「確信」の有無など意識せずに相互行為をおこなっている。一方、「他人が自分に悪意をいだいていないか絶えず深刻に思い悩む」[3]のは、その人が存在論的な不安に晒されているからだとギデンズは述べている。ここまで取り上げた語りを振り返ってみると、道行く人がみんな自分を見下しているように感じられたというBさんの「被害妄想」(「3―6」「3―7」を参照)、悪意とまでいかなくとも相手からどう見られているのかを過剰に意識し、やりとりがうまくいかないと自分の責任だと感じるEさんの繊細さ(「4―12」「5―8」を参照)、街中を歩いているだけで誰かに跳び蹴りされるのではないかというCさんの「緊張」(「6―3」を参照)、「人格の根本の部分」を脅かされまいとするCさんの日常的な努力(「6―5」を参照)など。これらはみな、ギデンズが言うところの存在論的不安の表れとして解釈できる。そして、このように通常ならば気にもとめないような他者のまなざしにまで意識が向いてしまうがゆえに、当事者は他者と関わることが難しくなっていると言えるだろう。

以上のように、日常的には強く意識せずにすんでいるようなことを意識せずにはいられないということが、存在論的に不安であるということだ。したがって、生きていくことへの覚悟が生じたこと(「6—30」「7—2」「7—8」「7—11」を参照)の背後に横たわっていたのも、まさに存在論的な不安だったのではないか。〝生きている(生き続けている)〟ということは、実のところ〝生きるか/生きないか〟という二択のうち〝生きる〟を選択し続けているということである。つまり〝生き(続け)ている〟ということ自体が、〝生きるか/生きないか〟ということへの答えになっているのだ。しかし、私たちは普段そんな選択を自分がしているとは気づいていないはずであり、これこそが存在論的に安心しているということである。したがってCさんやFさんやGさんのように、意識的に〝生きる〟を選択する場面が生じるということ、このこと自体が彼/彼女らが存在論的な不安のただなかにあったことを示していると考えられる。

以上から、「ひきこもり」は存在論的不安の観点から理解することができる。つまり、当事者にとって〈社会参加〉が難しいのは、〈実存的疑問〉に直接対峙している(対峙せざるをえなくなっている)ためだと捉えられる、ということだ。では、なぜ〈実存的疑問〉への直面は〈社会参加〉を阻むのだろうか。このことは、ルーティーンと存在論的安心の密接な結びつきから明らかになる。

ルーティーンの破綻

すでに述べたように、存在論的に安心であるということは、〈実存的疑問〉に対して答えをもっているということである。それは、より具体的に言えばルーティーンが維持できていることだとギデンズは言う。ここまでの議論からも明らかなとおり、〈実存的疑問〉に対する答えは「基本的に行為のレベルに位置づけられ[4]」る。つまり、行為が成り立っていること自体が〈実存的疑問〉への答えになっているということであり、このとき〈実存的疑問〉は意識にのぼってはこない。言い換えれば〈実存的疑問〉が表面化しない限りにおいて、日々のルーティーンは保たれる。だからこそ〝いかに生きるべきか？〟〝何のために働くのか？〟〝自分の存在に価値はあるのか？〟といった〈実存的疑問〉への直接的な対峙は行為を不可能にし、社会生活を営むことを難しくさせるのである。

このように、存在論的安心は何よりも日々のルーティーンによって守られており、そのためにルーティーンの破綻は存在論的不安をただちに引き起こす[5]。「ひきこもり」は一般に、（家族以外の）他者と関われなかったり、外出できる範囲が極端に狭まっていたり、就学・就労していなかったりする状態だとされており、これらは全てルーティーンの破綻と見なせる。それまで何も考えず当たり前にできていたことが不可能になり、加えてその責めを一身に負うことで当事者は右のような問いを引き受けなければならなくなり、それがいっそうルーティーンを剝奪するのである。

なお、ギデンズは基本的にルーティーンを日常的な相互行為の次元で捉えているが[6]、ここでは日々の生活パターンまで含むものとして広く捉えたい。ちなみに前者が成立しているときは必ず後者が成立しているということであり、逆に前者が成立しなければ後者も成立しない。そして、後者の連続は〝人生〟を形作る。よって、ルーティーンの破綻は人生の見通しや、前章の最後で論じたような「「未来の」感覚」(7)を失わせる。逆から言えば、この先ずっと生きている自分を想像できるからこそ、あるいは生きることへの確かな感覚をもてるからこそ、ルーティーンを有意味なものとして感受し維持することが可能になるのだ。

ただし、以下のGさんの語りは、ひきこもっている間もルーティーンは維持されていることを指摘するものとして読むことができる。この主張は「生活」という一言に集約されている。

G：そんなにね、そんなにひきこもってて何してたんですかとか、よく飽きなかったですね、とかさ、言われるけど、飽きるとかさー、そういうことじゃないんだよね。

I：じゃあ、どういうこと。

G：うーん…生活なんだよ。あれは。生活。つまり、家にいて、ボーッとしたり、焦ったり、ぐるぐるしたりっていうのが、自分にとっては生活なわけじゃん。その、人にとっての生活は、仕事に行って、仕事して、帰ってきて、お風呂入って、ごはん食べて、寝る、みたいなのと同じように、パターン。昼夜逆転も一つのパターンだし。

ひきこもっている人も〈社会参加〉している人々と同じように、形は全く違うものの「パターン」を形成している。そうして何らかの「パターン」が成立していること、それこそが「生活」なのだと、Gさんは強く主張する。

第3章で取り上げたAさんの経験は、この意味での「生活」の重要性をよく示している。大学を留年して一年目、親が下宿先を訪ねてきたときのAさんは、「飯も食わず風呂も入らず部屋も片付けず、歯も磨かない、ひげも剃らない。そういう状態」にあった（［3―2］を参照）。このような状態は、Gさんが言うところの「生活」が破綻していたとみなせるだろう。だが、実家に連れ戻されてから、Aさんは三年近くも「うそ通学」（［3―1］を参照）を続けていた。Aさんは当時のことについて、「悪い状態」で「安定」していたと繰り返し語っている。しかし、それは彼が言うほどには「悪い状態」ではなかったと考えることもできる。なぜなら、そこでは「生活」が成り立っていたと解釈できるからだ。ロナルド・D・レインは「存在論的に不安定な人間は、自己を充足させるよりも保持することに精一杯」(8)だと述べている。Aさんにとって「うそ通学」とは、ぎりぎりのラインで自己を「保持」するための方法だったという解釈も成り立つだろう。

このように、ルーティーンを維持することは存在論的な不安を抑えることに役立つ。玄田が「ニート」への処方箋として提示した〝とりあえず働いてみる〟という選択肢や、規則正しい生活リズムの獲得といったことは、いったん〈実存的疑問〉を棚上げしてルーティーンを立て直すというルートから存在論的安心にアプローチしようとするものとして位置づけられる。だが、真正面から〈実存的疑問〉に取り組むというアプローチが、もっと尊重されるべきではないだろうか。このことを次に論じよう。

ルーティーンか〈実存的疑問〉か

多くの当事者が、たとえば親から「働けば何とかなる。いろいろ考えても仕方ないし、むしろ考えているからうまくいかないんだ」といったことを言われ続けているようだ。こうした言葉は玄田の処方箋と全く同じ発想に立っているが、次のような話も当事者からよく聞く。いくら自分の苦しさを伝えようとしても決して親はわかってくれず、いつまでたっても平行線なので話し合うことをやめてしまった、という話だ。このことは、当事者がルーティーンを立て直すだけではどうにもならない困難を抱えていること、あるいはルーティーンの立て直しに向かうことさえできないような苦しみの渦中にあることを示唆している。考えるより動くことが大事だという立場は、このことを見落としている。では、多くの当事者が理解されることをあきらめている苦しみや困難とは、一体どのようなものか。

それは、〈社会参加〉に向けての一歩目がどうしようもないほどに重く、どうやっても踏み出せないことだと私は思う。ある日Fさんと雑談していたとき、彼女は「この動けなさをどんなに説明しても、周りは絶対にわかってくれない」と語っていた。さらにこうも語った。「自分は障害者だと思う。こういう言い方に強く反発する人もいるし、自分でも抵抗感はある。でも、それで周りが納得してくれるなら、私は障害者と言ってくれたほうが楽だ」と。つまり、「障害」というカテゴリーを持ち出すことにはさまざまな問題がつきまとうが、そうでもしなければ、この動けなさには説明がつかないし、ましてや周囲からの理解など決して望めないというのだ。確かに、いったん動いてしまえば何とかなることもあるだろう。だが、何とかなるためにはまず、初めの一歩を踏み出さなければならない。この一歩目を踏み出そうにも足が動かないということこそ、当事者の根底的な困難として位置づけるべきだと考える。

ひきこもっていない人の多くはルーティーンの重要性を経験的に知っており、だから「動けば何とかなるから、とにかく動いてみろ」と言うのだろう。私自身、このメッセージは経験的には正しいと感じる。だが、そのために、たったいま一歩を踏み出せずに悩みを深めている当事者には全く届かないように思えてならない。また、コミュニティではよく〝人とつながることが何より大事だ〟と言われており、それを実感している当事者も数多い。だが、これも〝とりあえず働いてみる〟というのと同じで、現に人とつながることができず苦しんでいる人には全く響かないどころか、かえってその苦しみを深めているように思う。にもかかわらず、就労であれ対人関係であれ〈社会参加〉を迫るようなメッセージが繰り返されるのは、先ほど述べたような、当事者の根底的な困難への想像力の欠如ゆえではないか。では、働くことはもちろん、他者と関わることから難しくなっている人に対して、私たちは一体どう向き合えばいいのだろうか。

まず必要とされるのは、Fさんが語ったような「動けなさ」を理解することだろう。ただし、これは共感することと同じではない。これまでの調査経験から、いまひきこもっていない人にとって、この困難はとうてい共感的に理解できるようなものではないことを、私は実感している。しかし、たとえ共感できなくとも、困難を抱えているということだけは理解できるはずだ。誤解を恐れず極端な表現を用いれば、当事者に対して共感は必要ない。必要なのは、何か困難を抱えているということ、それ自体に対する理解である。

第1章で、ひきこもっている当人の苦しみを共感的に理解することの必要性を説く斎藤の治療論を紹介したが、無理に共感しようとすることは、かえって共感しようとする側のストレスを増大させる。第1章で触れたように、長年ひきこもっていることに対して否定的な態度をそれほどとっていたわけではない親が突然怒りを爆発させるという話を、ここ数年間で耳にすることが増えた。そして第6章ではAさんのエピソードを紹介したが（［6―23］を参照）、Bさんも同じような経験をしたようだ。彼はこの出来事について、二〇〇四年にインターネット上で発表した長文のエッセイで綴っている。

通院し始めてから五年近く経ったある日、Bさんは「「あなたこれからどうするの」的突き上げをしてこなかった母親に、出し抜けにこれからのことを問い詰められた」という。そのときに初めて、Bさんは「母は母なりにいろいろな思いを溜め込んでいた」ことに気づいたそうだ。Bさんは通院し始めてから間もなく、「ひきこもり」の基本的な知識や、親の対応の仕方（たとえば「安心してひきこもれる環境を作る」といったこと）を、主治医から両親に説明してもらう機会をもった。それからは両親が将来について問い詰めてくることは、ほとんどなくなったという。しかも、「その手の突き上げをしてくるのは決まって父の役割」で、母親はいままで何も言ってこなかった。そのため母親から、「いままでは医者が「とにかく刺激しないように」と言うので黙って好きにさせてきたけれど、いままでのところを見ていて、私の目には一向に良い結果に結びついたようには見えない。（略）いつまで待っても「稼ぐ」という点に至っていない。（略）いつまでたってもひきこもりから抜け出したようには見えない」といった言葉を一気に浴びせかけられて、Bさんはひどく狼狽してしまった。なかでも特に「ショックだったのは、自分のことを「ひきこもり」と呼ばれたことである」。Bさん自身は早いうちから順調に〈回復〉しつつあるという感覚をもっていたが（［4

ように映っていたのである。

さらにBさんの母親は、「やってできないことはないと思う。なのになぜいつまでたっても一人立ちできないのか正直不思議だ」と言ったそうだ。第1章で、私自身コミュニティに〝溜まって〟いく当事者をもどかしく思っていたことを述べた。その感覚を言語化すれば、まさに彼女の言葉どおりである。当事者に対する否定的感情は、彼/彼女らを評価する基準が対人関係や就労の有無のような外的なところに置かれていることに由来することは、もはや言うまでもないだろう(9)。しかし、ここまで論じてきたように、その変化は外側から確認できるようなものではない。はたから見れば何もしていないように見えるかもしれないが、彼/彼女らは〈実存的疑問〉に向き合い、それに答えを与えるという作業を内側でおこなっているのだ。にもかかわらず当事者自身までが、内面での変化を感じ取りながらも、それを低く評価しがちである(「6—14」「6—17」を参照)。だが、このように自らを貶め、また他者から貶められ続けている限り、〈社会参加〉を果たすことは難しいに違いない。

〈実存的疑問〉を執拗なまでに問うことは、単なる逃避的行為ではない。第3章で論じたように当事者は「ひきこもり」を白眼視する社会によってひきこもらされているのであり、それでもなおこの社会で生きていくには相当の覚悟が必要とされるだろう。だから当事者は〝生きる〟ということをも選択の対象とするようなところまで内面を掘り下げざるをえないのだ。そのような存在として彼/彼女らを見たとき、問うという営みを必然的な行為として受け止めることができる。さらに当事者自身もその必然性への認識を深めることで、自らを〈社会参加〉へと駆り立て、挫折し続けるという悪循環から多少なりとも解放されるのではないだろうか。そしてまた〈社会参加〉できないことは当事者に非常に大きな苦痛をもたらしているが、仮に〈社会参加〉を果たせたとしても〈実存的疑問〉に決着がつかない限り、彼／彼女らのなかには不全感が残されたままになるだろう。もう少し言えば、〈実存的疑問〉に折り合いがつけられて初めて、日々のルーティーンが有意味なものとして立ち現れてくると考えられるのである。

2 「ひきこもり」からの〈回復〉とは何か

〈回復目標〉をどこに置くか

以上の議論から、「ひきこもり」からの〈回復目標〉をどこに置くのか答えるとすれば、存在論的安心の確保にほかならない。つまり、生きることへの覚悟、生きることや働くことの意味といったものを手にすること、これが本書の提示する〈回復目標〉である。もちろん〈実存的疑問〉に対して納得のいく答えを出すことは大事だが、ここには〝それらに答えることなど不可能だし、その必要もない〟といった答え方も含まれる。だが、いずれにせよ〈実存的疑問〉への答えは、全面的に個々の当事者にまかされるべきものである。第三者が特定の答えに誘導したり、その中身に介入したりするようなことだけは、絶対にあってはならない。また、ここまで見てきたようなプロセスを全ての当事者が辿るわけではないだろうし、それを押しつけるつもりもない。〈社会参加〉のタイミングは人それぞれ違って当然だし、また極端な話をすれば〈社会参加〉しないという道があってもいいはずだ。ともかくも、その人なりのタイミングで、その人なりに納得のいく生き方を実現していくことや、その可能性に目を向けられるようになることが、何よりも大事にされなければならない。

ところで、右のように〈回復目標〉を置くことに対して、次のような反論や疑問が予想される。本書で紹介した人々は、たまたま言語能力が高く、思考することにたけていただけではないのか。自分自身の内面に忍耐強く真摯に向き合えるという点で、ある種の強さを備えた人々なのではないか。したがって、言葉を操るのが苦手な人が〈実存的疑問〉に対して明快な答えを出すことは難しく、また自身の苦しみや葛藤を直視することが一部の当事者にとっては多大な負担となる場合もあるのではないか。

まず、どんなに物事を言語化するのが不得手な人であっても、何も考えられないということは決してないだろうし、何らかの確信に辿り着くことはできるはずだ。そして、それほど秩序立てて語ることはできなくとも、問われれば語れる程度には、自分の経験や思いを言語化することは誰でも可能だろう。私が〈実存的疑問〉への答えを出すという言い方でイメージしているのは、その程度のことである。

確かにインタビューに協力してくれた人たちは言語表現にたけており、その語りは筋道立っているが、［5―1］でBさんが語っていたとおり、苦しみの渦中にあったときは大きく取り乱し、混乱していたのであって、そのときには決して理路整然と思考していたのではないはずだ。言語化しえないさまざまな感情や、断片的な言葉が渦巻いていることを、ただ漠然と感じていただけではないかと思う。また、ここで私が〈実存的疑問〉への答えとして取り出してきたことも、それをつかんだ瞬間には明確な言葉の形をとっておらず、そのときは何か確信めいた感覚が生まれただけではないかと想像している。

そうした感覚に徐々に言葉が与えられていったのは、インタビューや自助グループなどさまざまな場面で自分のことを繰り返し語るなかでのことだろう。このことは、たとえば[5—7]のEさんの語りからもうかがえるし、調査協力者のなかでも特に淀みなく語ってくれたGさんでさえ、親の会で初めて経験談を語ったときは、自分の言いたいことを十分に表現できなかったという。また、インタビューさせてもらったのは私のほうなのに、逆に調査協力者から「考えをまとめるいい機会になった」とお礼を言われることも何度かあった。聞き手である私が理解できるように経験を語ることが、翻って自己理解を促すということなのだろう。このように彼/彼女らは元来言語能力が高かったわけではなく、ゆっくりと時間をかけて言葉を耕していったのだと考えられる。だが、そのことと自分なりの確信をつかめるかどうかということは、基本的には別のこととして捉えるべきだろう。

次に、〝強さ〟の問題について。誤解してほしくないのは、本書で取り上げてきた人たちは、自ら進んで人生を振り返ったり、生きる意味や働くことの意味を問うてきたりしたわけではない、ということだ。生きることへの〈意思〉を感じたという人たちの語りを第6章と第7章で紹介したが

（［6―30］［7―2］［7―8］［7―11］を参照）、そこに至るまでには十年十五年以上もの時間が経過している。彼／彼女らは強いから洞察を深められたのではなく、また最初から〝生きる〟ということに焦点を絞って、それを根本から問い直していたのでもないように思える。思うように生きられない自分を呪い、過去を反芻し、あのときこうしていればよかったと後悔を深め、周囲を恨み、なぜこんな自分になってしまったのかと嘆く――。こうしたところから何とか抜け出そうと長年もがき続け、試行錯誤を繰り返すうちに、ここで〈実存的疑問〉と呼んだような問題に対峙せざるをえなくなった、あるいは対峙せずにはいられなくなった、というのが私の見解である。

したがって、〈実存的疑問〉を全ての当事者に一様に押しつけ、それに答えることを課題として外側から課すことには、ほとんど意味がないと考える。〈実存的疑問〉を問うという営みは、その人なりの必然的な流れのうちに位置づけられて初めて意味をもち、それに対する答えもまた価値あるものとなるに違いない。したがって本項の冒頭のように〈回復目標〉を設定したのも、当事者に対して目指すべき方向性を提示するというよりは、むしろ当事者が経験しているであろう内的葛藤と、それに折り合いをつけていくことの重要性に対する認識を促すことを意図している。そしてまた、ここでの視点が、当事者を早急に〈社会参加〉させるべく強制的に介入をおこなうような支援のあり方を見直すきっかけになればよいと思っている。

〈回復〉という枠組みを相対化する

さて、存在論的な安心の確保を〈回復目標〉に置いたとしても、それはいったん確保すればすむようなものではない。それは日々のルーティーンを通して〈実存的疑問〉に答え続けることによって、維持されるものだからである。たとえばFさんは、前章でも引用したミニコミ誌のインタビューで、「この先は何かあった時にふつうの人よりはおそらく感じやすかったり落ち込みが激しかったりするだろうから、その点ではたぶん人より苦労すると思うのね」と語っている。こうした敏感さ、感受性の高さは、ひきこもったことで磨かれたものなのだろう。実存的な問いに直面することなく生きていた頃と同じように、ある意味鈍感なままで生きていくことはもはや不可能である。この語りは、こうしたことを意味していると解釈できる[10]。

こう考えてくると、「ひきこもり」からの〈回復〉など存在しない、ということになる。そして私は、なくてもいいのではないか、と考えている。その理由は、大きく二つある。一つ目。そもそも〈回復〉という言葉は、辞書的には元の状態に戻ることを意味する。しかし、やや冷たい表現になってしまうが、ひきこもる以前にありえたはずの生き方に戻ることは、決してできない。前述のFさんが語ったような意味でも、ひきこもらなければ歩んでいたであろうライフコースには戻れないという意味でも、字義どおりの〈回復〉はありえないのだ。二つ目。これは一点目とも関連するが、どこかに〈回復〉と呼べる地点があるという想定が、逆に当事者を追い込んでいる面があるように思えるためである。この点に関しては、Aさんへの直近のインタビューから述べたい。

以下は、前回のインタビューから変わったことは何かあるか、という私の質問から始まった会話である。「そう聞かれると、困っちゃうなあ」とつぶやきながら、とりあえずAさんは「サボり癖があるところ」と答えた。だが、すぐに少し考え込んでから、彼は再び次のように語り始めた。

Ａ：〔この数年間で〕先が見えないって感覚はあんま変わんないけどね。まあこれはもしかしたら一生こうなのかもしんないなーというふうにだんだん思ってきたのはある。
Ｉ：だんだん。
Ａ：うん、あーこんなもんなんだろうなーと、生きてくってのは（笑）そうそう目の前が開けるってことはなかなかないんだな、と。それはある気がする、うん。
Ｉ：前はそう思ってたって感じ。
Ａ：ん、だから前は、いつか晴れると。
Ｉ：晴れる。
Ａ：きっと何か、ね、晴れるはずだ、っていうふうには思ってたけれども、あ、そうでもないなと。こうやって曖昧なまま生きていくんだろう、っていうふうには思った。そうね、このまま、たぶん、このままだと、このままってだから、そうそうね、道がパーッと開けるっていうのはないなーと、そんな都合よくはいかねーなーっていうのはわかったね。

ここでＡさんは、「先が見えないって感覚はあんま変わんない」けれども、「道がパーッと開けるっていうのはない」ということが「わかった」と語っている。さらに注目したいのは、これに続く部分である。

I：それはそうなんだ、ってわかって、どんな感じ？

A：ん、ま、だから……まあ、楽、楽になったというか……何か明確な処方箋が、あるわけじゃないのだな、っていうふうにわかったんだけども、それを探さなくてすむ。そうそう、それを探す手間をかけなくてすむっていうか。うん、そうね、すぱっすぱっとさ、お悩み解決なんか、まあできるわけがねーな、そんな都合よくはいかねーよな、ってのがわかったな。こういうの抱えたまま生きてくもんなんだなってね。

「何か明確な処方箋が、あるわけじゃない」と「わかっ」て「楽になった」ところがある、とAさんは語る。この前の引用での「いつか晴れる」という表現は、彼なりの〈回復〉のイメージと思われるが、これに当てはまるような〈回復〉はないと「わかっ」て、少し気が楽になったのかもしれない。「こうやって曖昧なまま生きていくんだろう」「こういうの抱えたまま生きていくもんなんだな」といった語りは、Aさんの次のような納得を表現しているのではないだろうか。つまり、〝先のことを遠くまで見通せて、悩みも全てなくなるというようなことは、決してないだろう。しかし、それがまさに生きていくということなのだ〟という納得である。

以上のようなAさんの語りを、どこか一地点を〈回復〉として設定し、そこに辿り着くために努力をすること（および努力を迫ること）が、当事者にとって重圧となっている側面があることを指摘したものとして受け止めたい。〈社会参加〉の達成であれ、存在論的安心の確保であれ、それ以外の何であれ、そこに辿り着くことはあらゆる問題の解消を意味するわけではない。

不登校支援が見直されるなかで「ひきこもり」が問題化され、そして「ひきこもり」の〝その後〟が問題化されるなかで「ニート」が登場したという流れのなか、次々と求められる〈回復〉のあり様が姿を変えていったことは、第2章で論じたとおりである。このように何か一つの〈回復目標〉がクリアできないからといって／クリアされたからといって、すぐに別の課題が提示されるようなことが続く限り、当事者は延々と〈回復〉に駆り立てられ続けることになってしまう。また設定された〈回復目標〉を遂げて達成感を得ているところへさらなる〈回復目標〉を課すことは、彼／彼女らの徒労感を強めるだけではないのか。ただし、私は〈回復〉を設定する立場を、全面的に放棄したほうがいいと考えているわけでもない。次にこのことを論じる。

それでも〈回復〉を設定するならば

〈回復〉を設定することは、当事者にとってプレッシャーになるのと同時に、それが彼／彼女らを突き動かす原動力にもなりうる。ことに〈社会参加〉というわかりやすい目標は、当事者にとっても魅力的なものだろう。したがって〝〈社会参加〉を果たすことは〈回復〉ではありえない〟、さらには〝〈回復〉などというものはない〟と言い切ることは、当事者から努力のあて先を奪うようなことになりかねない。ある当事者と雑談していて、私が「結局回復って言えるようなものは、ないんじゃないかなあ」と何気なく言ったとき、その人が「えー、回復ってないの？　そうなの？」と、少し途方に暮れたような表情でつぶやいたことが印象に残っている。

改めて言うと、本書における「ひきこもり」の当事者とは、「ひきこもり」を〝自己を語るための語彙〟として取り入れ、社会に流通する諸言説を参照し利用しながら、人生を編み直してきた人々である。本書もそのような言説の一つとして受け止められうるとすれば、当事者を惑わせるような主張は極力避けなければならない。それでも私は、どこかに〈回復〉を設定するような立場からは距離をとりたい。なぜならば従来の専門家言説のほとんどが、字義どおりの〈回復〉を設定するものだからである。

現在「ひきこもり」の専門家といえば、精神科医、カウンセラー、民間支援者、ソーシャルワーカーなど、「ひきこもり」の治療・援助にあたる人々である。そのため必ずと言っていいほど、そこでは〈回復〉が目指されている。これでは、それを利用しながら編み直される当事者の自己物語も、同様に〈回復〉を目指すようなものに近づかざるをえない。つまりは「ひきこもり」の当事者として自己定義するということは、〈回復〉を結末とするストーリーに自らを投げ込むことでもあるのだ。それによって、彼／彼女らは右で述べたような厄介な問題――中身はどうあれ〈回復〉へと駆り立てられ続けること、〈回復〉さえすればトラブルから全て解放されるというイメージにとらわれること、そこから生じる落胆を経験しうることなど――に巻き込まれることになる。したがって、〈回復〉の内容を問い直すと同時に、〝どこかに〈回復〉と呼べる地点がある〟という認識枠組みそのものを解体する必要がある。存在論的な不安／安心の観点から「ひきこもり」を理解することは、その一つの契機となるはずだ。

しかし、それでもなお〈回復〉というものを設定するならば、次のように設定しておきたい。まず、ひきこもった経験を、その後の生き方に昇華させていく可能性に目が向けられるようになること。次に、「ひきこもり」の当事者として自己定義せずにすむようになること。このことは以下のことを含意する。一つは「ひきこもり」に関する諸言説を〝自己を語るための語彙〟として利用しなくとも、安定した自己物語が紡げるようになるということであり、いま一つは「ひきこもり」というラベルを介さなくても他者との接点をもてるようになるということだ。[11]だが何よりも大切なことは、当事者一人ひとりが自分の生を肯定し、納得すること、それ以外にない。

3 〈実存的問題〉としての「ひきこもり」

最後に、「ひきこもり」を問題化するような社会とは一体どのようなものか、そして「ひきこもり」の当事者と非当事者、あえて言えば〝かれら〟と〝私たち〟の位置関係がいかに捉えられるのか論じることにしたい。

ここまでギデンズによる存在論的安心／不安についての議論に依拠してきたが、その議論は後期近代という時代認識に基づくものである。ギデンズは現代を後期近代と呼び、「根本的な変移の時代」[12]と特徴づけている。そこでは人々が生きていくうえで絶対的に拠りどころにできる制度も権威もない。そのため、人々は専門家言説をはじめとする文化的資源を利用しながら一貫した生活史を再帰的に作り上げ、独力で自らの人生を道徳的で有意味なものにすることを迫られる。そこでは「何をすべきか？　どう振舞うべきか？　誰になるべきか？」といったことが「中心的な問題」となるが、これらはまさしく〈実存的疑問〉である。[13] 後期近代で個々人はこれらの問いに日々答え続けることを余儀なくされており、その意味で現代は誰もが存在論的な不安と背中合わせの時代と言えるのである。

こうした時代認識を共有したとき、「ひきこもり」の当事者と、そうでない人々は地続きの存在であることが明らかになる。本書では「ひきこもり」の当事者を〈実存的疑問〉に直面せざるをえなくなっているという意味で、存在論的不安の渦中にある人々として描き出した。だが、〈実存的疑問〉は彼／彼女らだけのものではなく、ひきこもっていない人々のものでもある。それらの問いに対して日々答えていかなければならないという、根本的に存在論的不安の時代に生きているという点で、〝かれら〟と〝私たち〟は同じ地平に立っているのだ。

にもかかわらず、なぜ「ひきこもり」は人々の否定的感情を喚起し、激しい批判を呼び寄せるのだろうか。ここではジョック・ヤングの「他者の悪魔化」の議論を参照しながら、この問題を論じたい。ヤングも前述のようなギデンズと同様の時代認識に立ち、「市場の力によって生産と消費のあり方が変容」して「物質的に不安定で存在論的に不安定な状況」が広まるにつれ、社会が排除的な性格を強めていることを論じている。[14] ヤングが念頭に置いているのは欧米諸国の状況だが、その論述には日本と重なる部分も多い（たとえば経済危機による労働市場の解体と再編に伴う正規雇用の縮小と非正規雇用の増大、失業者の増加など）。そこで、ヤングの議論を導きとして右の問題を考えてみたい。

「ひきこもり」は〝甘え〟や〝怠け〟などの烙印を押され、多くの批判に晒されている。それらの批判が往々にして〝誰にとってもこの社会で生きていくのはつらく苦しいことだ。だから、ひきこもっていない自分も（むしろひきこもっていない自分のほうが）つらく苦しいのだ〟という訴えとセットになっていることは、すでに第1章で見た。また、「ひきこもり」や「ニート」への政策的支援に対して、なぜ自分が身を削って払った税金を使ってまで支援する必要があるのか、という批判もしばしば聞く。おそらく「ひきこもり」に対してより批判的なのは、生活を守ろうと必死になって働いている人や、働き続けてきた人なのだろう。その批判の背後に見え隠れするのは、ひきこもっている人のほうが自分よりも楽をしているのではないか、という「相対的剝奪感」[15]である。

しかし、そうした不満は、ひきこもっている当の本人によって引き起こされているわけではない。それは経済的・精神的に厳しい状況に個人を追い込む社会や、働いて稼いでいるかどうかで人間の成熟度合いを計ろうとするような価値規範に由来しているということに気をつけなければならない。本来批判されるべきは、個人に生きづらさを強いる社会のあり方そのものである。ところが、「物質的不安定と存在論的不安とが結びつくと、問題の置き換えや他者への投影という現象が引き起こされやすくなる」[16]。つまり、「社会に問題が起こるのは、実際には、社会秩序そのもののなかに根本的な矛盾があるからなのだが、そう考えるのではなく、社会に問題が起こるのは問題そのもののせいだ、と考えるのである」[17]。この場合は、ある人がひきこもり続け、そこから抜け出せないのは前述のような社会に問題があるからではなく、当人の精神力の弱さや怠惰さのためだと見る、というわけだ。

このように、逸脱を「社会の基本的価値観や構造とは関係なく起こるものとして説明」し、逸脱的な他者にだけ責任を負わせることを、ヤングは「他者の悪魔化」と概念化している。[18] その最も重要なはたらきは、ある一部の人々を「悪魔」と見なすことで、自分たちの「正常性」の再確認が可能になるところにある。それは物質的・存在論的な不安定さへの抵抗と捉えられ、同様に「ひきこもり」への根強く厳しい批判も、ひきこもっていない人々による自己防衛として理解することができるだろう。つまり、相対的剝奪感の源泉として社会を糾弾するのではなく「ひきこもり」の当事者を悪魔化することで、私たちは〈実存的疑問〉を直視することを回避し、存在論的な安心を得ようとしていると考えられるのだ。

ギデンズもこれと同じようなことを、「経験の隔離」という概念でもって少し別の角度から論じている。「経験の隔離」とは、「日々のルーティーンのレベルで重大な道徳的ジレンマを引き起こす基本的な実存的問題から、社会生活を制度的に排除すること」[19] である。実存的で道徳的な問いへの直面は存在論的安心を脅かすため、それを維持すべく〈実存的問題〉を隔離するのだ。たとえば、近代に入って隔離されたものの一つに「狂気」がある。[20] ある人が精神障害者とラベリングされ、病院や施設に収容されるのは、その人が他者と共在する場面で適切に振る舞うことができないためである。その振る舞いは健常者として生活している人々に、〝適切な振る舞いとは一体どのようなものか？〟といったルーティーンを滞らせるような疑問、すなわち〈実存的疑問〉を喚起する。それらを抑圧するために、精神障害者は病院などの施設に隔離されるというわけだ。「この抑圧は、潜在的に不安を引き起こしうる問題、価値、行動様式が、社会生活の核となる場から排除されるということである。このように抑圧された問題は、明らかに道徳的、実存的なたぐいのものである」[21]

ここで指摘したいのは、「ひきこもり」とは「狂気」同様、人々の存在論的な安心を脅かすような〈実存的疑問〉を喚起する問題、すなわち〈実存的問題〉としてまなざされているのではないか、ということだ。これは、当事者のなかでも特に男性は父親との折り合いが悪い、というフィールドでよく耳にする話から説明できる。S会やT会にはひきこもる子どもをもつ親も数多く参加しているが、そのほとんどは母親で、父親が出てくることはそれほど多くない。このことを母親として参加している人に尋ねてみたところ、どうやら仕事が忙しいという理由だけではないようだ。父親は子どもがひきこもっていることを頑として認めないからだという答えが何度か返ってきた。印象としては、苦労しながらも働いて家族を養ってきたという自負が強い父親ほど、当事者との間に強い緊張関係が生じているようだ。そういう父親からすれば、「ひきこもり」を認めることは、自分の人生を足元から崩されることのように感じられるのだろう。

しかも、「ひきこもり」は病気ではないと専門家言説で明確に規定されている[22]ため、完全に治療・矯正の対象とはならず、またひきこもっていない人々の意識のうえでも自分とは全く異なる存在として切り離すことが難しくなっているように思われる。そのため、ひきこもっている人々の存在は、ひきこもっていない人々に対して余計に実存的・道徳的なジレンマを引き起こし、過剰に感情的な反発を引き出してしまうのではないだろうか。

しかし、すでに述べたように、後期近代社会としての現代社会をともに生きている存在として、つまりは物質的・存在論的な不安定さのゆえに〈実存的疑問〉への対峙を余儀なくされている存在として、「ひきこもり」の当事者と非当事者は同じ地平にある。しかも第3章での議論を思い起こせば、当事者がひきこもり続けるのは、「ひきこもり」を批判する人々が立っているのと同じ価値基盤から、自己批判を繰り返しているためだった（たとえば［6―2］を参照）。この点でも、〝かれら〟と〝私たち〟という明確な区別はできないはずだ。

「ひきこもり」を解決しようとするならば、それはひきこもっている人々を矯正することによっては達せられない。まず必要なのは、ほかならぬ〝私たち〟の「ひきこもり」に対する排除的・攻撃的なまなざしが、〝かれら〟をひきこもらせていると知ることである。そして、当事者を排除しようとしてしまうのは、そうすることで安心を得ずにはいられないような生き方をいまの社会が〝私たち〟に強いているためであり、また右で述べたように、当事者が〝私たち〟と地続きの存在であるがゆえだという認識をもたなければならない。後者について繰り返すならば、当事者は「ひきこもり」に対する批判が根ざしている、成人年齢に達しながらも働いて稼いでいない人を道徳的に劣った存在と見なすような価値規範を共有しているからこそひきこもり続けるのであり、ひきこもり続けて社会の周縁へと追いやられていくなかで、潜在的には〝私たち〟全てが晒されている〈実存的疑問〉に直接対峙せざるをえなくなるからこそ身動きがとれなくなるのだ。こうしたことを認識するためには、何よりも当事者の経験を理解することが求められる。さらに、当事者への理解を深めることで、〝かれら〟が向き合っている問題は〝私たち〟のものでもあるという認識をも深めることができるだろう。さらに当事者もまた、自らの向き合っている問題は自分一人のものではないこと、言うなれば社会全体のものであることを認識し、そこから社会との接点を見出すことはできないだろうか。

批判の目が向けられるべきは、〝私たち〟と〝かれら〟がともに生きている、いまこの社会である。ひきこもっている人々を〈社会参加〉させるべく強制的に介入するような支援は、彼／彼女らを矯正の対象とすることによって、「ひきこもり」を排除することを迫る社会のあり方を温存させることにつながる。そうした社会こそが当事者をひきこもらせているという観点に立つならば、それは結果的に問題解決を遅らせることでしかない。［6―15］でBさんが指摘しているように、ひきこもっている人々を社会に「適合」させるのではなく、私たち全ての生を充実させてくれるような社会を構想していくことが、進むべき方向ではないだろうか。

まずは当事者の経験を理解することで〝かれら〟と〝私たち〟が共有するものを見出し、そのうえで「ひきこもり」を排除させるような社会の構造や、価値規範を徐々に見直すことから始めるしかない。それは、ひきこもることが当事者にとって生き方を編み直す契機になっているのと同じように、個々人の生き方や社会のあり様を見直し、再編成していく契機として「ひきこもり」を位置づけることにほかならないだろう。ギデンズもまた、経験の隔離の過程で「抑圧されたものの回帰」は「社会制度の再構成を要請」すると述べている。[23]「ひきこもり」を自分の現実から、社会から排除しようとするのではなく、そしてまた支援の名のもとに介入するのでもなく、理解することのなかに、より生きやすい社会の可能性が見出されるはずだ。

「ひきこもり」の当事者が対峙している問いは、社会が否応なく個人に課してくるものであり、ひきこもっていない人のものでもあるということ。しかしながら、その問いに直接対峙しているために〈社会参加〉に向けた一歩目を何としても踏み出せないという困難を当事者は抱え込んでおり、その動けなさはひきこもっていない人からすれば共感はできないかもしれないが、少なくとも理解することは必ずできるということ。このことに納得してもらえるならば、本書はその意義を果たせたことになる。

注

(1) 前掲『モダニティと自己アイデンティティ』五一ページ
(2) 前掲『近代とはいかなる時代か?』一一九ページ
(3) 同書一一八ページ
(4) 前掲『モダニティと自己アイデンティティ』五二ページ
(5) Giddens, *op. cit.*, p.50.
(6) 前掲『モダニティと自己アイデンティティ』六一―六九ページ、Giddens, *op. cit.*, pp.60-64.
(7) Giddens, *op. cit.*, p.62.
(8) ロナルド・D・レイン『ひき裂かれた自己――分裂病と分裂病質の実存的研究』阪本健二/志貴春彦/笠原嘉訳、みすず書房、一九七一年、五二ページ
(9) 二〇〇六年四月に名古屋市内の宿泊型施設で、利用者が不当に拘束されて死亡させられるという事件が起きた。この事件は、当事者に対する否定的感情の最悪な形での発露と言えるだろう。紙幅の都合上この事件について詳しく述べられないため、関連文献として以下を挙げておく。芹沢俊介編『引きこもり狩り――アイ・メンタルスクール寮生死亡事件/長田塾裁判』雲母書房、二〇〇七年。

(10) ただしFさん自身は、私がここで存在論的不安として論じているような感覚は、ひきこもる以前からすでにあったと感じているようだ。むしろ、それがあったからこそ自分はひきこもったのではないか、と考えているようでもある。ここで存在論的な不安を「ひきこもり」の根本的な原因として置くこともできるだろう。だが、第3章の冒頭で述べたように、原因論を展開することは本書の意図から外れる。また調査経験からすると、なぜ働かなければならないのか、どう生きるのがいいのかといったことを、ひきこもる以前から抱いていたというケースは、それほど多くないという印象をもっている。ここまで言及してきたほとんどの著書でも、社会で標準的とされるライフコースを自明視していたがゆえの問題として、「ひきこもり」は語られている。よって、ここでは存在論的な不安を、当事者が最終的に直面せざるをえなくなる着地点とも言うべき問題として位置づけるにとどめたい。

(11) 二点目は近刊の論文集（荻野達史／川北稔／工藤宏司／高山龍太郎編著『ひきこもりへの社会学的アプローチ』ミネルヴァ書房、二〇〇八年）で詳細に論じる。

(12) 前掲『モダニティと自己アイデンティティ』二三六ページ

(13) 同書七七ページ

(14) ジョック・ヤング『排除型社会——後期近代における犯罪・雇用・差異』青木秀男／村澤真保呂／伊藤泰郎／岸政彦訳、洛北出版、二〇〇七年。主に序文と第1章を参照。

(15) 相対的剥奪感については、同書三四—三六ページを主に参照。

(16) 同書二四六ページ

(17) 同書二八五ページ

(18) 同書二九三ページ

(19) 前掲『モダニティと自己アイデンティティ』一七六ページ

(20) 同書一七九―一八一ページ

(21) 同書一八一ページ

(22) 厚生労働省による対応のガイドラインでは、「「ひきこもり」とは、病名ではなく、ましてや単一の疾患では」ないと、明確に記されている(前掲『十代・二十代を中心とした「ひきこもり」をめぐる地域精神保健活動のガイドライン』一ページ)。

(23) 前掲『モダニティと自己アイデンティティ』二三六ページ。また抑圧された実存的・道徳的な疑問や問題は、自己実現の政治である「ライフ・ポリティクス」では中心的議題として扱われる(同書第7章)。これに類似する観点から不登校、「ひきこもり」や「ニート」の支援活動を論じたものとして、荻野達史「新たな社会問題群と社会運動――不登校、ひきこもり、ニートをめぐる民間活動」「社会学評論」第五十七巻二号、日本社会学会、二〇〇六年。

あとがき

本書は、平成十八年度東京都立大学博士学位論文「「ひきこもり」再考――当事者のライフストーリーから」に大幅な加筆・修正を施したものである。

本文でも述べたとおり、これは「ひきこもり」の〝実態〟を明らかにしたものではない。約五年間にわたる調査研究活動に基づき、当事者としてコミュニティに参与している人々の経験を、ひきこもったことのない私自身の目を通して再構成したものである。したがって本書は、〝「ひきこもり」とは何か〟ではなく、〝「ひきこもり」とはどのように理解できるか〟ということを論じたものにほかならない。本書が「ひきこもり」を捉える際の一つのパースペクティブとして活用され、各読者の「ひきこもり」に対する理解を深める助けになれば幸いである。

博士論文および本書の完成まで私を導き、支えてくださった方々へのお礼を申し上げて、本書を締め括りたい。

まず誰よりも、大学院の指導教員である江原由美子先生。先生が、研究者になろうという覚悟も何ももたないまま大学院に飛び込んでしまった私を拾ってくださり、ここまで温かく見守ってくださらなければ、いまの私はなかっただろうと本当に思う。心から深く感謝している。

次に、これまでインタビューに協力してくださったみなさん、そしてコミュニティで出会った全てのみなさん。本書は私一人で書いたものではない。みなさんとの出会いが、私にこれを書かせてくれたのだと思っている。本書が少しでもその恩返しになればうれしい。

それから、修士・博士論文の審査を務めてくださり、さまざまな場面で気にかけてくださった玉野和志先生。修士論文および博士論文を審査してくださった宮台真司先生。長時間相談に乗ってくださった立教大学の桜井厚先生。博士論文に対して丁寧なコメントをくださった静岡大学の荻野達史さん、大阪府立大学の工藤宏司さん。江原研究室の同期であり、ともに励まし合い競い合ってきた奈良女子大学の鶴田幸恵さん。ここで全てのお名前を挙げることはできないが、東京都立大学大学院でともに研究を続けてきたみなさん。青少年研究会、ライフストーリー研究会、社会学的ひきこもり研究会のみなさん。本当にありがとうございました。

そして、出版の機会を与えてくださった青弓社の矢野未知生さん。本書の完成度を高めることができたのは、矢野さんの的確なコメントのおかげである。

最後に、両親への感謝を述べさせていただきたい。修士課程二年目に入ってすぐの頃に急逝した父・正美。これまで安心して研究に専念できたのは、亡くなる少し前、博士課程に進学させてほしいと話した私に「好きなだけやればいい」と父が言ってくれたおかげである。また、本書のもとになった博士論文の執筆中には、大学卒業後の進路に惑い、何もできなくなってしまった私に対して「いまは熟成期間なんだから焦ることはない」と言ってくれた父の一言が、常に頭の片隅にあった。本書の視点はこの言葉にも裏打ちされている。誰よりも父に本書を読んでほしいと強く思っているが、父の死がなければここまでのことは書けなかっただろうし、そもそも研究を続けることもなかったのではないかという思いさえある。失ったものはとてつもなく大きいが、得られたものもまた、とてつもなく大きい。そこでどうにか気持ちに折り合いをつけている。

本書の根底にあるのは何よりも、父の死によってもたらされた、生きるということそれ自体への洞察である。そして、その洞察をこのような形で表現できたのは、父の人生と、その死が残してくれた経験をめぐって対話を重ねてきた母・節子のおかげである。両親に本書を捧げたい。

二〇〇七年八月二十四日

石川良子

［著者略歴］
石川良子（いしかわ りょうこ）
1977年、神奈川県生まれ
松山大学人文学部准教授
専攻は社会学・ライフストーリー研究
共編著に『ひきこもりと家族の社会学』（世界思想社）、『ライフストーリー研究に何ができるか——対話的構築主義の批判的継承』（新曜社）、共著に『排除と差別の社会学』（有斐閣）、『教育における包摂と排除——もうひとつの若者論』（明石書店）など

青弓社ライブラリー 49

ひきこもりの〈ゴール〉
「就労」でもなく「対人関係」でもなく

発行——2007年9月22日　第1刷
2020年7月31日　第5刷

定価——1600円＋税

著者——石川良子

発行者——矢野恵二

発行所——株式会社青弓社
〒162-0801 東京都新宿区山吹町337
電話 03-3268-0381（代）
http://www.seikyusha.co.jp

印刷所——厚徳社

製本所——厚徳社

ISBN978-4-7872-3276-2 C0336